오두막 편지

오두막 편지

법정

〖이레〗

새벽에 비 내리는 소리를 듣고
잠에서 깨어났다. 머리맡에 소근소근 다가서는
저 부드러운 발자국 소리. 개울물 소리에 실려 조용히
내리는 빗소리에 귀를 기울이고 있으면
살아 있는 우주의 맥박을 느낄 수 있다. 새벽에 내리는
빗소리에서 나는 우주의 호흡이 내 자신의
숨결과 서로 이어지고 있음을 감지한다.
그 무엇에도 방해받지 않는 자연의 소리는,
늘 들어도 시끄럽거나 무료하지 않고
우리 마음을 그윽하게 한다.

— 본문 중에서

오두막 편지

여기 모은 이 글들은
산골의 오두막에서 홀로 지내며
그때그때 보고 듣고 느끼고 생각한
내 삶의 편린을
누군가에게 편지를 쓰듯
스스럼 없이 엮어 본 것이다.
한 해가 저무는 길목에 서니
헤치고 왔던 길이
잎이 져버린 숲길처럼
휑하니 내다 보인다.
나는 새롭게 시작하기 위해
다시 묵은 허물을 벗는다.
이 책을 대하는 이마다 마음에
위로와 평안을 얻었으면 한다.

1999년 12월

법정

차 례

1

너는 네 세상 어디에 있는가

흙방을 만들며

올 봄에 흙방을 하나 만들었다. 지난해 가을 도자기를 빚는 이 당거사利堂居士의 호의로 흙벽돌을 미리 마련해 두었다가 산골에 얼음이 풀리자 실어왔다. 4월 한 달을 꼬박 방 한 칸 만드는 일에 골몰했다. 산 아래 20리 밖에 사는 성실한 일꾼 두 사람과 함께 일을 했다.

이전까지 나뭇광으로 쓰던 자리에다 방을 들였는데, 이번에는 아궁이를 기존의 방향과는 정반대로 잡았다. 새로 만든 방의 위치도 위치지만 어떤 바람에도 방 하나만은 군불을 지필 수 있도록 배려한 것이다. 나는 이곳에 와 살면서 거센 바람 때문에 군불을 지피는 데 너무나 애를 먹어 왔기 때문이다.

내가 그동안에 겪어 온 경험과 두뇌 회전이 빠른 일꾼의 솜씨로 이번에 만든 방은 불이 제대로 들인다. 나는 당초부터 예상한 바였지만, 처음 방구들을 놓아본다는 일꾼은 불이 제대로 들일지 내심 불안해했다. 그도 그럴 것이, 애써 만들어 놓은 방에 불이 안 들이면 말짱 헛일이기 때문이다.

방이 완성되어 처음으로 아궁이에 불을 지피던 날 우리는 기대 반 불안 반이었다. 그러나 불길이 훨훨 소리를 내며 빨아들이는 걸 보고 함께 손뼉을 쳤다. 그때 일꾼은 장난말로 불이 잘 들이면 구들장 놓는 '쫑'을 하나 써달라고 했는데, 형식적인 종이쪽지보다도 나는 그의 솜씨를 믿을 수 있게 됐다. 방이 고루 따뜻해졌으니 성공한 것이다.

개울 쪽에서 바람이 불어오는 날은 불이 너무 잘 들여, 굴뚝으로 열기가 그대로 빠져나갈 염려가 있다. 그래서 굴뚝 위에 바닥 기왓장을 하나 엎어 놓았다. 방 안의 보온을 위해 필요한 장치다.

이 방은 시멘트를 전혀 쓰지 않고 구들장을 비롯해 모두 돌과 찰흙으로만 되었다. 구들장 위에 흙을 한 자쯤 덮었기 때문에 군불을 지핀 지 네댓 시간이 지나야 방바닥이 뜨듯해 온다. 이렇게 되면 사나흘 동안은 불을 더 지피지 않아도 방 안이 훈훈하다. 특히 이런 방은 추운 겨울철에 요긴하게 쓰일 것이다.

구들장 위에 흙을 두텁게 깔지 않으면, 군불을 지피자마자 이내 더워진다. 아랫목은 프라이팬처럼 뜨거워 발을 디딜 수조차 없다. 아랫목 장판이 까맣게 탄 이유도 여기에 있다. 방 안은 초저녁만 반짝 더워졌다가 새벽녘이면 식어 버린다. 한때 갑자기 뜨거워졌다가 이내 냉랭해지는 세상 인심처럼. 우리 모두가 어렵게 살던 지난날 나그네길에서 하룻밤 묵어 가던 여인숙 방들이 대부분 그랬었다.

며칠 전 새로 만든 흙방에 도배를 했다. 찰흙으로만 다지고 발랐기 때문에 벽과 바닥 사이에 틈이 생겨 연기가 조금씩 새어나왔다. 초배를 하기 전에 질긴 닥종이를 오려 두세 겹씩 틈을 바른 후에 덧발랐더니 연기가 잡혔다. 연기와 물은 조그만 틈만 있어도 새어나온다.

벽과 천장은 티가 섞인 한지로 바르고 바닥은 장판으로 발랐다. 장판 아홉 장 깔이 방이니 한 평 반쯤 될까. 빈 방에 방석 한 장 깔고 앉아 있으니 새로 중이 된 것 같은 그런 기분. 거치적거리는 것 없어 홀가분해서 좋다.

장판방이지만 시멘트를 쓰지 않고 흙으로만 발랐기 때문에 바닥이 매끄럽지 않고 우툴두툴하다. 그런데 이 우툴두툴한 질감이 나는 너무 좋다. 요즘은 어떤 방이든지 한결같이 매끄럽고 평탄하기만 한데, 오랜만에 이런 질박하고 수수한 방바닥을 대하니 마음이 참으로 느긋해진다.

요즘처럼 닳아져 가는 세상에서는 '질박함'이나 '수수함'이란 말 자체가 사라져 가고 있다. 현재의 우리들 삶이 질박과 수수함과는 너무나 거리가 먼 쪽으로 기울고 있기 때문일 것이다.

우리가 하루 세 끼 먹는 음식만 하더라도 어른 아이 가릴 것 없이 기름지고 걸쭉하고 느끼한 것만을 좋아하는 세태이므로, 담백하고 깔끔한 음식을 대하기가 어렵다. 이런 음식 문화 속에서 살아가노라면 학처럼 곱게 늙기 또한 불가능할 것이다.

몸에 걸치는 옷도 질박하고 수수한 모습을 이제는 찾아보기가 어려워지고 있다. 요란한 색상과 과장된 디자인, 그 안에서 움직이는 몸짓도 살갗도 그 위에 바르는 화장도 그런 의상에 걸맞게 따라갈 수밖에 없을 것이다.

우리가 몸담고 살아가는 주거형태는 어떤가. 거의 규격화된 주거공간으로 인해 그 형태나 마찬가지로 삶의 내용도 두부모처럼 개성을 잃고 획일화되어 가고 있다.

질박하고 수수한 것을 낡아빠진 옛것으로 물리친다면 우리가 추구해야 할 인간의 미덕은 과연 어디에서 찾을 수 있을까. 미끈하고 반짝거리고 화려하고 화끈함이, 물건이건 인간관계이건 그것이 오래도록 지속될 수 있을 것인가.

우툴두툴한 방바닥을 손바닥으로 쓰다듬고 있으면 창밖으로 지나가는 미친 바람 소리도 한결 부드럽게 들린다. 이 방에 나는 방석 한 장과 등잔 하나말고는 아무것도 두지 않을 것이다. 이 안에서 나는 잔잔한 삶의 여백을 음미해 보고 싶다.   1997

인디언 '구르는 천둥'의 말

　여기저기서 꽃이 피고 잎이 열린다. 한동안 잊고 지내던 귀에 익은 새소리들도 꽃처럼 새롭게 피어난다. 자연의 질서, 순환의 흐름은 이렇듯 어김없다.

　먼지와 소음과 온갖 공해로 뒤덮인 번잡한 길거리에서, 그래도 철을 어기지 않고 꽃과 잎을 펼쳐 보이는 나무들을 보면 반갑고 기특하면서도 안스럽기 그지없다. 누가 피어나라고 재촉한 것도 아니지만 때가 되니 스스로 살아 있는 몫을 하고 있는 것이다. 이것이 다 생명의 신비다.

　대지에 뿌리를 내린 나무들은 그 모진 추위 속에서도 얼어죽지 않고 살아 있다. 겉으로 보면 깊은 잠에라도 빠져 있는 것 같지만, 뿌리와 줄기는 그 침묵 속에서도 쉬지 않고 끊임없이 일을 한다. 흙을 의지해 서서 햇볕을 받아들이고 바람을 받아들이고 물기를 받아들인다. 말하자면, 지地, 수水, 화火, 풍風의 은덕으로 살아가

16

는 것이다.

이것은 단순히 나무만의 일이 아니다. 사람도 이 '지, 수, 화, 풍' 없이는 한시도 살아갈 수 없다. 흙과 물과 햇볕과 공기는 모든 살아 있는 생명의 원천이다. 이런 고마운 은혜를 우리는 얼마나 인식하고 있고 또 어떻게 대하고 있는가.

흙大地이 없다고 한번 상상해 보라. 마실 물이 없다면 어떻게 될 것인가. 또 햇볕을 전혀 볼 수 없고, 숨쉴 공기가 없다고 가정해 보라. 상상만으로도 끔찍한 일이다. 그러니 지, 수, 화, 풍, 즉 우리 환경이 얼마나 고맙고 소중한 존재인가.

잔인한 백인들에 의해서 현재는 이 지구상에서 자취를 감추어 가고 있지만, 지혜로운 영혼인 아메리카 인디언들은 일찍이 물질 문명에 눈이 먼 인류의 미래에 대해서 우려와 두려움을 나타내 왔다.

체로키족의 추장, '구르는 천둥'은 이런 말을 한다.

"인간이 한 장소를 더럽히면 그 더러움은 전체로 퍼진다. 마치 암세포가 온몸으로 번지는 것과 같다. 대지는 지금 병들어 있다. 인간들이 대지를 너무도 잘못 대했기 때문이다. 머지않아 많은 문제가 일어날 것이다. 가까운 장래에 큰 자연재해가 일어날지도 모른다.

그런 현상은 대지가 자신의 병을 치료하기 위한 필수적인 과정이다. 이 대지 위에 세워진 많은 것들은 대지에 속한 것들이 아니다. 그것들은 신체에 침투한 병균처럼 대지에게는 참을 수 없는 이물질들이다. 당신들은 아직 문제의 심각성을 느끼지 못하고 있을지 모르지만, 머지않아 대지는 자신의 병을 치료하기 위한 시도로 크게 몸을 뒤흔들 것이다."

요 근래에 이르러 지구 곳곳에서 일어나고 있는 지진과 기상이변으로 인간들에게 두려움을 안겨주고 있는 자연의 재해는 무엇을 뜻하는가. 짐승들은 몸에 물것이나 이물질이 달라붙으면 온몸을 움직여 그걸 털어 버린다. 그건 일종의 자기정화 활동이다. 커다란 생명체인 이 지구도 자정 활동의 일환으로 자연재해를 일으키고 있다는 것이다.

'구르는 천둥'의 소리에 더 귀를 기울여보자.

"지구는 살아 있는 하나의 생명체다. 지구는 인간과 마찬가지로 그 자체의 의지를 가진, 보다 높은 차원의 인격체다. 따라서 육체적으로나 정신적으로 건강할 때가 있고 병들 때가 있다. 사람들이 자신의 몸을 소중하게 여기듯이 지구도 마찬가지다. 너무도 많은 사람들이, 지구에 상처를 주는 것은 곧 자기 자신에게 상처를 주는 일이며 자기 자신에게 상처를 가하는 것은 곧 지구에게 상처를 가하는 일이라는 것을 전혀 깨닫지 못하고 있다."

오늘날 우리들은 이런 말을 알아듣지 못한다. 뿌리를 잊어버리고 가지에만 매달린 병든 문명에 의존하고 있기 때문이다. 전체를 내다볼 수 있는 우주적인 눈을 지닌 사람만이 이런 경고에 공감한다.

올바른 이해는 책이나 선생으로부터 얻어듣거나 배울 수 있는 것이 아니다. 그것은 모든 것을 사랑하고 존중하는 마음에서 움튼다. 인디언들의 표현을 빌린다면, 위대한 정령을 존중하는 마음에서부터 비롯된다. 위대한 정령이란 무엇인가. 풀이나 바위나 나무 또는 물과 바람 등 세상 만물 속에서 살아 움직이는 생명 그 자체다.

생명을 존중하는 마음은 하나의 느낌이나 자세가 아니다. 그것은 온전한 삶의 방식이고, 우리 자신과 우리 둘레의 수많은 생명체들에 대한 인간의 신성한 의무이기도 하다.

문명인들이라고 자처하는 현재의 우리들 삶은 자신의 이익을 위해 남을 희생시키는 것으로 이루어져 있다. 이런 비정하고 냉혹한 일들을 경쟁이란 논리로 아무렇지도 않게 생각한다. '무한경쟁 시대'니 '일류가 아니면 살아 남지 못한다'는 주장의 배후에는 남을 짓밟고 일어서려는 파괴적인 폭력이 잠재되어 있다.

그렇기 때문에 경제 제일주의에 도취된 오늘의 우리들은 생명의 원천인 자연을 자연의 방식이 아닌, 이기적인 목적으로 사용하는 데만 급급한 나머지 요즘 같은 지구 환경의 위기를 불러일으킨 것이다.

삶의 기본적인 진리는 이웃을 해치지 않아야 한다는 것이다. 여기에는 사람뿐 아니라 온갖 형태의 생명이 포함된다. 이 세상에 있는 모든 존재는 그 자신의 방식으로 그 자신의 삶을 살아갈 권리가 있다. 그렇기 때문에 나만의 편의나 이익을 위해 남을 간섭하고 통제하고 지배해서는 안 된다.

개체와 전체의 관계는 조화와 균형으로 이루어질 때 가장 바람직하다. 이 조화와 균형이 깨지면 거기 이변이 생긴다. 인간과 자연 사이에 조화와 균형이 무너져 오늘날의 지구는 온갖 환경 재난에 시달리고 있는 것이다.

우리는 거듭거듭 흙의 은혜에 대해서 감사하고 소중하게 여겨야 한다. 물에 대해서, 따뜻한 햇볕에 대해서, 그리고 공기에 대해서 고마워할 줄 알아야 한다. 우리가 지금 이 자리에서 어떤 은덕으로 숨을 쉬며 살고 있는지 되돌아보아야 한다. 1996

시간 밖에서 살다

삼복 더위에 별고 없는가. 더위에 지치지나 않았는가. 더위를 원망하지 말라. 무더운 여름이 있기 때문에 서늘한 가을바람이 불어오고, 그 가을바람 속에서 이삭이 여물고 과일에 단맛이 든다.

이런 계절의 순환이 없다면 살아 있는 모든 것들은 제대로 삶을 누릴 수가 없다. 그러니 날씨가 무덥다고 해서 짜증낼 일이 아니다. 한반도와 같이 봄, 여름, 가을, 겨울이 뚜렷하게 나누어져 있는 지역에서 살 수 있는 것도 커다란 복이라 할 수 있다.

7월 한 달을 나는 바깥 출입 없이 이 산중에만 눌러 앉아 지냈다. 비슷비슷하게 되풀이되는 일상의 틀에서 벗어나 자연의 흐름에 따르면서 새롭게 살아보고자 했다. 개인적인 사정으로 한 집회의 약속을 이행 못하게 된 연유로 해서 모처럼 틀에서 벗어난 생활을 갖게 되었다.

때마침 건전지가 다 소모되어 시계도 멎고, 라디오도 들을 수 없게 되었다. 이게 바로 틀에서 벗어날 수 있는 좋은 기회였다.

사람이 시계를 발명한 이래 시간을 유용하게 활용하여 사회생활에 여러가지로 보탬이 된 것은 지난 인간의 역사가 이를 증명해 주고 있다. 그러나 한편, 시계에 의존하면서부터 사람들은 늘 시간에 쫓기면서 살아야 하는 폐단도 있다.

먹고 싶지 않아도 식사시간이 되었으니 먹게 되고, 잠이 오지 않는데도 잘 시간이 되었으니 잠자리에 들게 된다. 이와 같이 오늘날의 우리들은 시계바늘에 조종당하면서 삶을 이루고 있다.

시계가 멎고 시간을 알리는 라디오의 기능이 쉬게 되자, 나는 비로소 시간 밖에서 살 수 있었다. 배가 고파야만 끼니를 챙기고 눈꺼풀이 무겁게 내려온 후에라야 잠자리에 들곤 했다. 시계바늘이 지시하는 시간말고 자연의 흐름을 따라 먹고 자고 움직이니 마음이 아주 넉넉하고 태평해졌다.

시계가 가리키는 시간의 굴레에서 벗어나자 나는 비로소 자주적인 삶에 한 걸음 다가선 기분이었다. 돌이켜보니 내가 그동안 얼마나 많이 시간의 노예가 되어 이리 뛰고 저리 뛰면서 부질없이 살았는가 싶은 생각도 들었다.

시계에 대한 내 최초의 경험은 불안이었다. 어린 시절, 고모네 집에 나는 자주 놀러갔었다. 고모가 잘해주어 몹시 따랐던 모양이다. 그런데 빈 방에서 혼자 놀다보면 벽시계의 '똑딱똑딱' 하는 시계추 소리가 몹시 불안하게 들려오곤 했다. 맛있는 음식을 놓아둔 채 나는 말도 없이 슬그머니 고모네 집을 빠져나와야 했다. 아이가 없어진 것을 보고 고모는 걱정이 되어 우리집에 와서 내가 있음을 확인하고 갔다.

요즘은 하나뿐이지만, 불일암에서 살 때만 해도 방마다 탁상시계가 놓여 있었다. 말하자면 시간의 노예 노릇을 충실히 한 셈이다. 그런데 아무리 디자인이 마음에 들어도 '째깍째깍' 소리가 나는 시계는 산 아래로 내려보냈다. 손님으로 가서 객실에 들어 묵을 때도 벽시계가 됐건 탁상시계가 됐건 째깍거리는 소리가 나지 않도록 시계추를 멎게 하거나 건전지를 빼 두는 것이 나그네의 습관처럼 되었다. 물론 객실에서 나올 때는 원래대로 살려 놓고 나온다.

손목에 수갑처럼 차는 것이 싫어서 손목시계를 한사코 멀리해오다가, 해외여행을 다니면서부터 외출할 때만 할 수 없이 차게 됐다. 그러니 시간의 노예임을 스스로 표시하고 다니는 꼴이다.

내가 송광사에서 수련회를 주관할 때는 수련에 들어가기 전에 반드시 시계를 풀어서 보관하도록 했다. 모처럼 시한부 출가생활을 하는 수련생들에게 시계의 굴레와 시간의 관념에서 벗어나도록 하고자 해서였다.

우리는 시계를 들여다보면서 얼마나 많은 시간을 무가치하게 낭비하고 있는가. 아직도 몇 분이 남았다고 하면서, 또는 시간이 되려면 아직 멀었다고 하면서 일 없이 아까운 시간을 쏟아 버린다. 인생에 성공한 사람들은 남들과 똑같은 하루 24시간을 살면서도 짜투리 시간을 유용하게 쓸 줄을 안 것이다. 시계바늘이 가리키는 시간에 팔리지 않고 자신에게 주어진 그 순간순간을 알차게 사는 사람이야말로 시간 밖에서 살 수 있다.

요즘 같은 산업사회에서는 우리들 자신도 시간 앞에 점점 냉혹해져 가고 야박하게 전락되어 간다. 한참 일을 하다가도 시간이 다됐다고 일손을 놓아 버리기가 일쑤다. 묻힌 김에 조금만 더 일을 하면 깨끗이 끝낼 일도 시계를 보고 일손을 중단하고 만다. 이건 시계의 노예로 익힌 나쁜 근성이다. 시계바늘이 미치지 않는 일터에서 인간의 덕이 두터워진다는 노동의 비밀도 터득할 줄 알아야 한다.

모든 것은 시간이 해결해 준다는 말이 있다. 우리가 세상을 살아가는 일도, 죽는 일도 그 시간에 속하기 때문일 것이다. 하지만 시간에 대한 관념에서 벗어나 시계바늘에 의존하지 않으면, 순간순간을 보다 알차게 보낼 수 있다. 시간에 쫓기지 않고, 초조해하지도 말고 시간 밖에 있는 무한한 세계에 눈을 돌리면 그 어떤 시간에건 여유를 지니고 의젓해질 수 있다는 소리이다.

세상살이에 경험이 많은 지혜로운 노인은 어떤 어려운 일에 부딪칠 때마다 급히 서두르지 말고 좀더 기다리라고 일러준다. 한 고비가 지나면 좋은 일이 됐건 언짢은 일이 됐건 안팎의 사정이 달라지는 수가 많다. 노인들은 풍진 세상을 살아 오는 과정에서 시간의 비밀을 터득했기 때문이다.

사람의 머리로는 해결할 수 없는 문제를 시간은 가끔 해결해 주는 수가 있다. 그래서 참는 것이 덕이란 말도 있지 않은가. 지금 당장 해결하기 어려운 문제는 우선 하룻밤 푹 자고 나서 다음날 다시 생각해 보는 것이 좋다. 해결하기 어려운 문제일수록 조급히 해결해 버리려고 서두르지 말고, 한 걸음 물러서서 조용히 이모저모를 살펴보는 것이 지혜로운 해결책이 될 것이다.

　시간 밖에서 우리 만날 수 있기를 바란다.　1996

뜰에 해바라기가 피었네

자다가 깨어나 이리 뒤척, 저리 뒤척거리다가 이내 털고 일어나 이 글을 쓴다. 일어날 시간이 되지 않았더라도 일단 깨어났으면 더 뭉갤 필요가 없다. 눈이 떠졌는데도 잠자리에서 뭉그적거리면 게으른 버릇밖에 길러지지 않는다.

우리는 이 다음 고히 잠들 시간이 얼마든지 있다. 살 만큼 살다가 신체적인 동작이 멎었을 때, 친지들이 검은 의식을 치르면서 '고히 잠드소서' 어쩌고 하면서 작별의 인사를 할 것이다. 그때 가면 평생에 모자라던 잠을 온몸이 다 삭아질 때까지 실컷 잘 수 있다. 그러니 우리는 자신에게 주어진 현재의 시간을, 깨어 있는 맑은 정신으로 보다 유용하게 쓸 수 있어야 한다.

'기상나팔'은 이만 불고, 오늘 마음에 고인 말을 풀어놓으려고 한다. 며칠 비워두었다가 오두막에 돌아오니 뜰가에 해바라기가 피어 있었다. 손수 씨를 뿌려 가꾼 보람이 해바라기로 피어난 것이다. 부풀어오르는 이런 기쁨은 스스로 가꾸어보아야만 누릴 수 있다.

이 해바라기의 고향은 암스테르담의 고흐 미술관이다. 해바라기를 즐겨 그린 태양의 화가, 반 고흐의 그림을 보고 나오다가 매점에서 파는 씨앗을 샀다. 내가 이 오두막에 들어와 살면서부터 해마다 꽃이 피는 해바라기인데, 처음 피어난 꽃을 대하면 마음이 사뭇 설렌다. 철새들의 첫소리를 들을 때처럼. 나는 이런 사소한 일에서, 살아가는 잔잔한 기쁨을 누리고 있는 모양이다.

얼마 전부터 해질녘이면 커다란 떡두꺼비 한 마리가 섬돌에 엉금엉금 기어나와 내가 나오기를 기다린다. '오, 네가 또 왔구나' 하고 아는 체를 한다. 낮에는 눈에 띄지 않다가 해질녘이면 어김없이 찾아온다. 나는 이 두꺼비한테 '너는 무슨 재미로 이 산중에서 혼자 사느냐'고 두런두런 이야기를 한다. 두꺼비는 아무 대꾸도 없이 내 말을 끔벅끔벅 들어주기만 한다. 이렇게 지내온 사이에 우리는 한집안 식구처럼 길이 들었다.

두꺼비는 내가 바짝 다가서도 나를 경계하지 않는다. 나는 두꺼비에게 먹을 것을 주고 싶은데 그의 식성을 몰라 안타까워하기도 한다. 땅에 엎드린 채 그 동작이 굼뜬 이 두꺼비도 파리나 물것을 잡아먹을 때만은 그 입놀림이 얼마나 빠른지 모른다.

'넙죽넙죽 두꺼비 파리 잡아먹듯 한다'는 말을 들어보았을 것이다. 가만히 엎드려 미동도 하지 않다가 파리나 물것이 가까이 오면, 날름 혀를 내밀어 순식간에 잡아먹는다. 굼벵이도 뒹구는 재주가 있다더니, 이 두꺼비한테도 물것을 잡아먹는 재주가 아주 비상하다. 모든 생물은 저마다 살아가는 묘기를 지니고 있는 것 같다.

　산중은 아침 저녁으로 많이 서늘해졌다. 이제는 거르지 않고 날마다 아궁이에 군불을 지펴야 할 때가 되었다. 밤하늘에는 별들이 영롱하게 돋아나고 은하수도 선명하게 흐른다. 숲에서 들리는 풀벌레 소리도 가을임을 알려오고 있다.

　별밤 아래서 나는 밤이 이슥하도록 노래를 불렀다. 곁에 들을 사람도 없으니 마음놓고 18번, 19번을 죄다 쏟아 놓았다. 나는 노래를 부르기 시작하면 즉흥적으로 작사, 작곡을 해서 부른다. 그날 일어났던 일을 오페라 가수처럼 노래로 부르고 있으면 아주 즐거워진다. 반주는 시냇물 소리가 알아서 해준다.

　이런 별밤이 아니라도 나는 설거지를 할 때 곧잘 흥얼흥얼 노래를 부르기도 하고, 흥에 겨우면 목청을 돋워 오두막이 들썩거리도록 창을 부르기도 한다.

　영화 〈서편제〉를 보고 나서 한때는 입버릇처럼 '이 산 저 산 꽃이 피니 분명코 봄이로구나. 봄은 찾아왔건마는 세상사 쓸쓸하더라. 나도 어제는 청춘일러니 오늘 백발 한심하구나……'로 시작되는 〈사철가〉를 불렀다. 한참을 부르고 있으면 나도 모르게 슬퍼져서 목소리가 촉촉히 젖을 때도 있었다.

　슬플 때는 슬픈 노래로 위로를 삼고, 기쁠 때는 기쁜 노래로써 그 기쁨을 드러낸다. 살아 있는 모든 생물들은 저마다 노래를 지니고 있다. 사람과 새들만 아니라 나무도 풀잎도 바람을 타고 노래를 한다.

인간의 입에서 살벌하고 비릿한 정치와 경제만 쏟아져 나오고 시와 노래가 흘러나오지 않는다면 그의 가슴은 이미 병들기 시작한 것이다. 먹고 마신 그 입에서 꽃향기 같은 노래가 나와야 한다.

사는 즐거움은 어디에 있는가. 그리고 그 즐거움은 누가 가져다주는가. 즐거움은 우리 스스로 만들고 찾아내야 한다. 사는 일이 재미없고 시들하고 짜증스럽고 따분하다고 생각하면 그렇게 생각한 대로 그 삶은 재미없고 시들하고 짜증스럽고 따분한 일로 가득 채워진다.

우리들의 일상이 따분할수록 사는 즐거움을 우리가 몸소 만들어내야 한다. 즐거운 삶의 소재는 멀리 있지 않고 바로 우리 곁에 무수히 널려 있다. 우리가 만들고 찾아주기를 기다리고 있다.

잠자리에서 뭉그적거리지 않고 털고 일어나 이 '글 쓰는 숙제'를 식전에 마치고 나니 아주 개운하다. 이 개운함이 오늘 하루의 내 삶을 받쳐줄 것이다.

당신은 사는 일이 즐겁지 않은가.   1996

자기 관리

　가을이 짙어간다. 서리가 허옇게 내리고 개울가에는 살얼음이
얼기 시작한다. 성급한 나뭇잎들은 서릿바람에 우수수 무너져내
린다. 나는 올 가을에 하려고 예정했던 일들을 미룬 채 이 가을을
무료히 보내고 있다.

　무장공비 침투로 영동지방 일대는 어디라 할 것 없이 긴장되어
뒤숭숭하다. '열 사람이 지켜도 한 도둑을 못 막는다'는 옛말이 새
롭게 들리는 요즘의 시국이다. 내 거처는 작전 지역과는 조금 떨
어진 곳이지만, 그래도 같은 영동지방이라 긴장된 분위기를 나누
어 갖지 않을 수 없다.

　길목마다 바리케이드를 치고 군인과 경찰들이 검문검색을 하는
바람에 될 수 있는 한 바깥 출입을 자제하고 있다. 오고 가는 길에
혹시라도 내 '비트'가 노출될까 봐 나는 각별히 신경을 쓴다.

　요즘에 와서 나는 새삼스럽게 자기 관리에 대해서 생각을 자주

하게 된다. 우리처럼 단신으로 사는 출가 수행승의 경우, 자기 자신에 대한 관리가 소홀하면 자칫 주책을 떨거나 자기 도취에 빠지기 쉽다. 자신의 처지와 분수를 망각한 채 나설 자리 안 나설 자리, 설 자리 앉을 자리를 가리지 못하면 추해지게 마련이다. 더구나 세속적인 상업주의에 편승하게 되면 그의 말로는 물을 것도 없이 처량해진다.

전에 큰절에서 여럿이 어울려 살면서 나이 든 노스님들의 처신을 통해 나는 많은 것을 배울 수 있었다. 이제 와 돌이켜 생각해 보면 긍정적이건 부정적이건 간에 그때마다 그분들은 후배들에게 깨우침을 준 선지식으로 여겨진다.

우리가 지금까지 살아온 자취를 되돌아보면, 그것은 하나의 과정으로 순례의 길처럼 여겨진다. 지나온 과거사는 기억으로 우리 의식 속에 축적된다. 대개는 망각의 체에 걸러져 까맣게 잊어버리지만, 어떤 일은 어제 겪은 일처럼 생생하다.

그러나 지나온 과거사가 기억만으로는 현재의 삶에 별로 도움이 되지 않는다. 과거사를 자신의 의지로 소화함으로써 새로운 눈이 열리고 귀가 트인다. 그래서 그 과거사에서 교훈을 얻는다. 망각은 정신위생상 필요할 때도 있지만, 때로는 그 망각 때문에 어리석은 반복을 자행하는 수도 있다.

보다 바람직한 자기 관리를 위해서는 수시로 자신의 삶을 객관적으로 살펴보아야 한다. 남의 눈을 빌어 내 자신의 살림살이를 냉엄하게 바라보라는 것이다.

그리고 또 자기를 철저히 관리하기 위해서는 무엇보다도 자기 자신에게 정직하고 진실해야 한다. 작은 이익에 눈을 파느라고 큰 일을 놓치지 말아야 한다. 그런데 탐욕스런 사람들은 눈앞의 이해 관계에만 매달려 앞을 내다보지 못한다.

누가 내 면전에서 나를 존경한다는 말을 할 때 나는 당혹감으로 몸 둘 바를 몰라한다. 그리고 그런 말에 내심 불쾌감을 느낀다. 참으로 존경한다면 면전에서 말로 쏟아 버릴 일이 아니다. 그런 말에 속아서는 안 된다. 타인으로부터의 존경은 눈에 보이지 않는 굴레요, 덫이다. 그 존경이라는 것이 언제 비난과 헐뜯음으로 바뀔지 모른다. 자기 관리에 방심하면 이런 굴레에 갇히고 덫에 걸리기 십상이다.

내 솔직한 소망은 단순하게 사는 일이다. 그리고 평범하게 사는 일이다. 내 느낌과 의지대로 자연스럽게 살고 싶다. 그 누구도 내 삶을 대신해서 살아줄 수 없기 때문에 나는 나답게 살고 싶을 뿐이다.

최근에 나는, 평소에 나를 믿고 따르는 한 동료에게 실망과 서운함을 안겨준 일이 있다. 텔레비전 출연과 책 만드는 일을 두고, 내 처지와 분수를 곰곰이 헤아린 끝에 그 일들을 물리쳤기 때문이다. 내 불찰은, 안으로 깊이 헤아려보기도 전에 미적미적 미루다가 자기 관리에 정신이 번쩍 들자 뒤늦게 사양하지 않을 수 없었던 것이다.

홀로 사는 사람들은 대개 그 나름의 결백성을 지니고 있다. 세속적인 입장에서 보면 이득이 될 일도 그 결백성 때문에 단호히 사양하고 물리치게 된다.

단신으로 살아가는 사람들은 저마다 자기 삶의 규범을 지니고 있을 것이다. 홀로 사는 맛은 혼자서 안으로 조용히 새기며 누릴 것이지 세상을 향해서 내세우거나 떠벌릴 일은 못 된다. 사람은 각기 인생관을 달리하고 있어, 어떤 개인의 삶이 보편적인 삶이 될 수는 없다. 각자 몸담고 살아가는 그 자리에서 삶의 기량을 마음껏 펼치면서 그 자신답게 살아간다면 그것으로 한 몫을 하는 것이다.

그러면서도 개체의 삶은 어떤 비약을 거쳐 근원적인 전체의 삶에 도달해야 한다. 비약을 거치지 않으면 도달할 수 없다. 근원에 도달하지 못하면 그는 영원한 방랑자로 처지고 만다.

수피즘(회교 신비주의)의 우화에 이런 이야기가 나온다.

어떤 강물이 있었다. 이 강물은 깊은 산 속에서 발원하여 험준한 산골짜기를 지나고 폭포를 거쳐 산자락을 돌아서 들녘으로 나온다. 세상의 여기저기를 기웃거리면서 흘러다니다가 어느날 모래와 자갈로 된 사막을 만나게 된다. 사막 너머에는 강물의 종착지인 바다가 출렁이고 있었지만, 어떻게 해야 그 바다에 이를지 강물은 당황하게 된다.

바다로 합류하려면 기필코 그 사막을 건너야만 한다. 강물은 마음을 가다듬고 사막을 향해 힘껏 돌진해 간다. 그러나 사막과 마주치는 순간 강물은 소리없이 모래에 빨려 들어가고 만다.

강물은 정신이 번쩍 든다. 어떻게 하면 이 사막을 무난히 건널 수 있을까? 골똘히 생각에 잠긴다.

이때 문득 사막 한가운데서 이런 목소리가 들려온다.

"네 자신을 증발시켜 바람에 네 몸을 맡겨라. 바람은 사막 저편에서 너를 비로 뿌려줄 것이다. 그렇게 되면 너는 다시 강물이 되어 바다에 들어갈 수 있을 것이다."

우리가 사는 세상살이에도 건너야 할 사막은 여기저기 무수히 널려 있다. 일상적인 타성의 수렁에서 벗어나 존재의 변신인 그 비약을 거치지 않으면 장애물에 걸려 근원에 도달할 수 없다. 사막 한가운데서 들려오는 그 목소리는 바로 우리 내심의 소리이기도 하다.

자기 관리를 제대로 하려면 바깥 소리에 팔릴 게 아니라 자신의 소리에 귀를 기울여야 한다. 진정한 스승은 밖에 있지 않고 내 안에 깃들여 있다. 그렇기 때문에 자신의 삶에 충실한 사람만이 자기 자신을 제대로 관리할 수 있다.

당신은 당신 자신을 어떻게 관리하고 있는가? 1996

너는 네 세상 어디에 있는가

12월이다. 어느새 한 해의 마지막 달에 이르렀다. 지나온 날들이 새삼스레 되돌아보이는 마루턱에 올라선 것이다.

마르틴 부버가 하시디즘(유태교 신비주의)에 따른 〈인간의 길〉에서 한 말이 문득 떠오른다.

"너는 네 세상 어디에 있느냐? 너에게 주어진 몇몇 해가 지나고 몇몇 날이 지났는데, 그래 너는 네 세상 어디쯤에 와 있느냐?"

이 글을 눈으로만 스치고 지나치지 말고, 나직한 자신의 목소리로 또박또박 자신을 향해 소리내어 읽어보라.

자기 자신에게 되묻는 이 물음을 통해서, 우리는 각자 지나온 세월의 무게와 빛깔을 얼마쯤은 가늠할 수 있을 것이다. 때때로 이런 물음으로 자신의 삶을 들여다보아야 한다.

세월은 오는 것이 아니라 가는 것이란 말을 실감할 수 있는 12월이다. 금년 한 해를 어떻게 지나왔는지, 무슨 일을 하면서 어떻게 살았는지, 어떤 이웃을 만나 우리 마음을 얼마만큼 주고받았는지, 자식들에게 기울인 정성이 참으로 자식을 위한 것이었는지 혹은 내 자신을 위한 것이었는지도 살펴볼 수 있어야 한다.

안으로 살피는 일에 소홀하면, 기계적인 무표정한 인간으로 굳어지기 쉽고, 동물적인 속성만 덕지덕지 쌓여 가면서 삶의 전체적인 리듬을 잃게 된다.

우리가 같은 생물이면서도 사람일 수 있는 것은, 자신의 삶을 스스로 되돌아보면서 반성할 수 있는 그런 기능을 지니고 있기 때문이다.

다시 한 번 나직한 목소리로 물어보라.

"너는 네 세상 어디에 있느냐? 너에게 주어진 몇몇 해가 지나고 몇몇 날이 지났는데, 그래 너는 네 세상 어디쯤에 와 있느냐?"

이와 같은 물음으로 인해 우리는 저마다 마음속 깊은 곳에서 울려 오는 진정한 자신의 소리를 듣게 될 것이다. 그리고 삶의 가치와 무게를 어디에 두고 살아야 할 것인지도 함께 헤아리게 될 것이다.

지난 10월 중순에 겪었던 일이다. 흙벽돌 찍는 일로 오후 늦게 이천에 있는 이당 도예원에 갔다가 돌아오는 길이었다. 그날은 맑게 개인 상쾌한 가을 날씨였다.

방금 해가 넘어간 뒤라 도로의 차들은 미등을 켜고 달리는 그런 시각이었다.

구름 한 점 없이 맑게 갠 하늘, 그 하늘빛이 너무 고왔다. 어둠이 내리기 직전, 석양의 투명한 빛이 산자락과 능선을 선명하게 드러나게 했다. 부드럽고 유연한 그 산의 능선이 마치 우주의 유장한 율동처럼 느껴졌다. 언뜻 보니 산등성이 위에 초이틀 초승달이 실낱같이 걸려 있었다.

능선 위에 펼쳐진 하늘빛은 고요와 평화로 물들어 있었다. 시간이 흐르자 노을빛은 점점 희미해지고 어둠이 내려 이제는 산의 윤곽도 검게 굳어져 초승달의 자태는 더욱 또렷하게 드러났다. 여기저기서 어린애 눈망울 같은 초저녁 별이 하나둘씩 돋아나기 시작했다.

언뜻언뜻 이런 풍경을 차창 밖으로 바라보면서 서쪽으로 달려온 길이, 그날 하루 중에서 가장 아름답고 감동적인 시간을 나에게 가져다주었다.

자연은 이토록 아름답다.

자연은 실로 신비롭다.

주어진 이런 아름다움과 신비를 일상의 우리는 그저 무감각하게 흘려보내고 있다. 이와 같은 아름다움과 신비를, 그런 고요와 평화를 우리는 한 생애를 통해서 몇 번이나 바라보며 느낄 수 있는가.

우리들의 감성이 여리고 투명하던 시절에는 길섶에 피어 있는 풀꽃 하나에도 발걸음을 멈추고 눈길을 주면서 그 아름다움과 생명의 신비에 감동을 하곤 했었다. 하루해가 기우는 해질녘의 노을 앞에서 두 손을 모으고 싶도록 숙연해지기도 했었다. 이제 막 떠오르는 보름달을 보면 식구들을 불러 달을 보라고 소리치기도 했었다.

이 글에서 내가 시제를 굳이 과거형으로 '했었다'라고 표현한 것은, 오늘날 우리들은 그와 같은 자연의 아름다움과 생명의 신비 앞에 무감각한 생물로 굳어져 가고 있기 때문이다.

우리들의 생활형태가 산업화와 도시화로 혹은 정보사회로 치닫고 있을수록, 사물의 아름다움과 생명의 신비는 우리네 삶을 떠받쳐주는 주추가 되어야 한다. 나라 안팎을 가릴 것 없이 세상이 온통 부정과 비리와 폭력과 살육으로 뒤범벅이 되어 가는 것도 따지고 보면 아름다움과 생명의 신비를 등진 비인간적인 현대사회의 질병이다.

사람인 우리가 어떻게 사는 것이 과연 사람답게 사는 일인지, 인류 역사가 시작된 이래 끊임없이 논의되어 왔다. 한마디로 가릴 수 없는 복합적인 사항이지만, 사물의 아름다움과 생명의 신비를 가까이서 지켜보고 느낄 수 있다면, 오늘처럼 황량하고 살벌한 '인간 말종'을 우리 스스로 만들어내지는 않았을 것이다.

우리들 삶의 터전에 우리를 믿고 멀리서 찾아와 쉬어 가고자 한 손님인 철새들에게 함부로 총질을 해서 무참하게 살육을 일삼는 사람을 어떻게 자식을 낳아 기르는, 일가친척을 거느린 사람이라고 할 수 있겠는가. 이 땅에서 목숨을 지닌 생명체로서 함께 살아가고 있는 무고한 들짐승들을 덫이나 올가미로 마구 잡아 멸종시키고 있는 이웃을 어떻게 같은 사람의 대열에 세울 수 있겠는가.

이 땅에서 새와 들짐승 같은 자연의 친구들이 사라지고 나면 생물이라고는 달랑 사람들만 남게 되리라. 그때 가전제품과 쓰레기와 자동차와 매연에 둘러싸여 있을 우리들 자신을 한번 상상해 보라. 얼마나 끔찍한 일인가. 그것은 사람이 아닐 것이다. 지금까지 있어 왔던 생물이 아닌 괴물일 것이다.

감상과 감성은 발음은 비슷하지만 뜻은 다르다. 인간의 인식능력인 감성感性이 마비된다면 그때 우리는 온전한 인간일 수가 없다. 대상에서 받은 느낌으로 마음 아파하는 일을 감상感傷이라고 하는데, 감성이 무디어지면 감상의 기능도 할 수 없다. 어떤 사물이나 현상 앞에 무감각하고 무감동한 것은 생물이 아니다.

경제만을 최고 가치로 여기는 현대사회에서는 인간의 가장 은밀한 속뜰인 그 감성이 메말라간다. 다시 한 번 귀를 기울여 들어보라.

"너는 네 세상 어디에 있느냐? 너에게 주어진 몇몇 해가 지나고 몇몇 날이 지났는데, 너는 네 세상 어디쯤에 와 있느냐?" 1996

청정한 승가

　며칠 전 남쪽을 행각하다가 지리산 자락의 한 객사客舍에서 하
룻밤 쉬는데, 때마침 부슬부슬 봄비가 내렸다. 밤새 내리는 봄비
소리를 들으면서 메마른 내 속뜰을 적셨다. 나는 무슨 인연으로
출가 수행자가 되어 이 산중에서 한밤중 비 내리는 소리에 귀를
기울이고 있는가, 하는 생각에 이르자 '출가 수행자'란 말이 대문
자로 이마에 박혔다.

　벌써 오래 전 일인데, 그때도 겨울철 안거를 마치고 남쪽을 행
각하다가 한 암자의 선방에서 잠시 쉬어 온 일이 있다. 그때 그 선
방의 인상이 하도 좋아서 지금까지도 내 기억의 바다에는 맑게 간
직되어 있다.

　두어 평 될까말까한 조그만 방인데, 방 안에는 방석 한 장과 가
사 장삼, 그리고 시렁 위에 작은 걸망이 하나 올려져 있을 뿐이었
다. 햇볕이 은은히 비쳐드는 봉창과 정갈한 장판 바닥의 그 선실

을 보고 청정한 승가의 살림살이가 어떤 것이라는 걸 절감했었다.

요즘은 어느 절에 가든지 이런 맑은 선방을 보기가 어렵다. 불필요한 것들로부터 벗어난 그 충만을 느낄 수가 없다. 이것저것 너절한 물건들로 넘쳐 있어, 청정은 고사하고 속기가 분분하다. 방을 보면 그 안에서 살고 있는 사람의 인품을 바로 들여다볼 수 있다.

마을집이나 절집이나 요즘 같은 세상에서는 모든 것이 지천으로 넘치고 있어, 참으로 귀한 것이 무엇인지를 모르고 있다. 청정이 생명인 출가 수행자들에게 넘치는 물량은 편리한 도구가 아니라 커다란 장애요, 도전이 아닐 수 없다. 이 물질만능의 세태를 어떻게 극복할 것인지, 수행자들에게는 새로운 과제로 부딪친다.

출가 수행자는 무엇보다 먼저 가난해야 한다. 자신의 분수와 가난의 의미를 알아야 한다. 가난 속에서 도심道心이 우러난다. 가진 것이 많고 거느린 것이 많으면 출가의 뜻을 잃는다.

옛날의 수행자들은 갈아입을 옷과 바리때(밥그릇) 하나로 족할 뿐, 더 이상 아무것도 가지려고 하지 않았다. 거처에 집착하지 않고 음식이나 옷을 탐하지 않았다. 오로지 자신의 마음을 밝히는 일에만 열중하였다.

물론 오늘날처럼 삶의 형태가 다양해지고 복잡해진 세상에서는 옛날과 같이 살기는 어렵다. 그렇지만, 아니 그럴수록 '맑음'을 지키는 일은 더욱 귀하다. 늘 깨어 있는 것이 출가 정신이라면, 물질의 더미에서도 깨어나야 한다. 수행자에게 가난이란 맑음淸淨 그 자체다. 출가 수행자는 세속의 자로 재어 가난할수록 부자다. 모자라고 텅 빈 그 속에서 넉넉한 충만감을 누릴 수 있어야 한다.

맑은 가난으로써 출가 수행자의 모범을 보인 조주선사의 자취는 오늘의 수행자들에게 생생한 교훈이 될 것이다.

〈조주록趙州錄〉에 이런 기록이 실려 있다.

'스님은 백스무 살이나(778~897) 살았다. 무종의 폐불 법란(불교 박해)이 있자 산 속으로 몸을 피해 나무 열매를 먹고 풀옷을 걸치면서도 수행자의 몸가짐이나 차림새를 바꾸지 않았다.'

조주는 구족계具足戒(비구계)를 받고 난 다음, 은사 스님이 조주성의 서쪽 한 절에 계시다는 소식을 듣고 그곳으로 가서 은사 스님을 찾아뵈었다. 조주가 도착하자 은사 스님은 사람을 시켜 조주의 고향집에 귀댁의 자제가 행각길에 돌아왔다고 알려주었다.

고향집 일가친척들은 이 소식을 듣고 몹시 기뻐하며 다음날 함께 찾아가기로 하였다. 조주는 이런 사실을 알고 말했다.

"속세의 티끌과 애정의 그물은 다할 날이 없다. 이미 부모 형제를 하직하고 출가 수행자가 되었는데 다시 만나고 싶지 않다."

그날 밤으로 짐을 꾸려 행각의 길에 나섰다. 그후 물병과 지팡이를 지니고 여러 곳으로 두루 다니면서 자신에게 다짐했다.

'일곱 살 먹은 어린아이라도 나보다 나은 이는 내가 그에게 물을 것이요, 백 살 먹은 노인이라도 나보다 못한 이는 내가 그를 가르치리라.'

조주는 나이 80이 되어서야 조주성의 동쪽 관음원에 머물렀다. 말하자면 이때 비로소 한 절의 주지가 된 셈이다. 그 절은 예전부

터 몹시 가난하여 좌선하는 선방도 후원도 없었고, 겨우 끼니를
이어갈 정도였다.

좌선할 때 앉는 선상은 다리 하나가 부러져 타다 남은 장작쪽을
노끈으로 묶어서 썼다. 누가 새로 만들어 드리려고 하면 그때마다
허락하지 않았다. 40년 동안 가난한 그 절의 주지를 살면서도 불
사를 빙자한 편지 한 통 시주에게 보내는 일이 없었다.

한번은 그 나라의 왕이 조주의 덕을 사모하여 금실로 화려하게
수놓은 가사를 한 벌 지어 시종을 시켜 조주에게 바쳤다. 선사는
굳이 사양하면서 받지 않으니 함께 있는 사람들이 가사가 든 상자
를 조주 앞에 옮겨 놓으면서 말했다.

"왕께서는 큰스님의 불법을 위해 이 가사를 보내 온 것이니 입
으시기 바랍니다."

조주는 이 말을 단호하게 물리친다.

"노승은 불법을 위하기 때문에 이런 가사는 입지 않습니다."

어느날 조주는 법좌에 올라 말했다.

"형제들이여, 오래 서 있지 말라.(예전에는 법문을 들을 때 앉지 않고
서서 들었다) 일이 있거든 말해 볼 것이요, 일이 없거든 각자 자기
자리에 앉아 도리를 참구參究하는 것이 좋다. 노승은 일찍이 행각
하면서 죽 먹고 밥 먹는 두 때만 잡된 마음에 팔렸을 뿐 별달리 마
음을 쓸 곳이 없었다. 만약 이와 같이 못하다면 출가란 매우 먼 일
이 될 것이다."

한 승려가 조주에게 물었다.

"무엇이 한 마디―句입니까?"

"그 한 마디만 붙들고 있으면 그대는 늙어 빠지고 만다."

조주는 이어서 말했다.

"만약 한평생 총림(수도 도량)을 떠나지 않고 5년이고 10년이고 말을 하지 않아도 그대를 보고 벙어리라고 부르지 않는다면 부처님도 그대를 어쩌지 못할 것이다. 내 말을 믿지 못하겠거든 내 목을 베어라."

조주는 임종의 자리에서 제자들에게 말했다.

"내가 세상을 뜨고 나면 태워 버리되 사리 같은 걸 주우려고 하지 말라. 선승의 제자는 세속 사람들과는 달라야 한다. 더군다나 이 몸뚱이는 헛것인데 무슨 사리를 챙긴단 말인가. 이런 짓은 당치 않다."

이래서, '청정한 승가에 지극한 마음으로 귀의합니다'라고 우리는 절을 한다. 1996

바람 부는 세상에서

지난밤 이 산골짜기에는 거센 바람이 불어댔다. 잠을 제대로 이룰 수 없도록 바람이 휘몰아쳤다. 아침에 일어나 나가보니 여기저기 나뭇가지들이 어지럽게 흩어져 있고, 창문을 가렸던 비닐이 갈기갈기 뜯겨 나가 있었다. 그리고 아궁이에 재를 쳐내는 데 쓰는 들통도 개울가에까지 굴러가 있었다. 대단한 바람이었다.

내일 모레가 우수雨水인데 사나운 바람이 부는 걸 보면, 겨울이 봄한테 자리를 내주고 물러갈 날도 머지않았나 보다.

바람은 왜 부는가. 어디서 와서 또 어디로 가는가. 기압의 변화로 인해서 일어나는 대기의 흐름인 바람은 움직임으로써 살아 있는 기능을 한다. 움직임이 없으면 그건 바람일 수 없다.

움직이는 것이 어디 바람뿐이겠는가. 살아 있는 모든 것은 그 나름으로 움직이고 흐른다. 강물이 흐르고 바다가 출렁이는 것도 살아 있기 때문이다. 묵묵히 서 있는 나무들도 움직이면서 안으로 끊임없이 수액을 돌게 한다. 해가 뜨고 지는 거나 달이 찼다가 기우는 것도, 해와 달이 살아 있어 그런 작용을 한다.

우주의 호흡과 같은 이런 움직임과 흐름이 없다면 사람 또한 살아갈 수 없다. 이 세상에서 멈추거나 고정되어 있는 것은 아무것도 없다. 멈춤과 고정됨은 곧 죽음을 뜻한다.

그러니 살아가고자 한다면 그 움직임과 흐름을 거부하지 말고 받아들여야 한다. 모든 것은 변화를 거치면서 살아 움직이고 있다. 하나의 극에서 다른 극으로 움직이면서 변화한다. 이런 변화와 움직임을 통해서 새롭고 신선한 삶을 이룰 수 있다.

요즘 우리 사회는 마치 벌집을 쑤셔 놓은 것처럼 시끄럽고 요란하다. 거액의 대출을 둘러싼 비리와 부정이, 우리 사회에서 처음 일어난 일처럼 야단스럽다. 정치권력과 재력이 한데 어울려 빚어 놓은 부정과 비리가 어디 한두 번이던가.

문민정부가 들어선 이래 뭔가 그전과는 좀 달라질 것을 기대했던 시민들은, 달라지기는 고사하고 갈수록 태산인 그 혼미 앞에 크게 실망하고 분노하지 않을 수 없다. 믿었던 도끼에 발을 찍히는 배신감마저 느껴야 한다. 국가기관과 정치인들에 대한 불신과 환멸 또한 새삼스러울 것도 없지만 그 정도가 이제는 극에 달한 듯싶다.

우리는 요 몇 해 사이를 두고 끊임없이 이런 비리와 부정 앞에 국민적인 긍지와 나라의 체면을 여지없이 짓밟혀 왔다. 그런데 더욱 통탄스러운 것은 이와 같은 비리와 부정 앞에 아무도 책임질 사람이 없는 기이한 현실이다. 모두가 '그건 너, 그건 너, 바로 너 때문이야'라고만 발뺌을 하고 있다.

책임질 사람이 없는 사회에 우리가 몸담아 살아가고 있다는 것은, 얼마나 허망하고 위태로운 삶인가.

한때 경제적인 고도성장을 구가하면서 선진국 대열에 끼여들겠다고, 세계 일류국가를 이루겠다고 벼르고 장담하던 국가적인 의욕과 국민적인 희망은 1997년 2월 현재 그것이 허구임이 드러나고 말았다. 그것은 우리들 자신의 실체를 잘못 인식하고 떠들어댄 정치꾼들의 분홍빛 선전에 지나지 않은 허세였다.

이런 현실 앞에서 우리는 어떻게 처신하며 살아야 할 것인가, 스스로 묻지 않을 수 없는 상황이다.

모든 것은 되어진 것이 아니라 되어 가는 과정 속에 있다. 이미 이루어진 것이 아니라 앞으로 이루어지려는 그 과정이다. 이 말이 진실이라면 그 어떤 비극적인 상황 아래서라도 우리는 절망하거나 낙담하지 말아야 한다. 죽음에 이르는 병이 따로 있는 것이 아니라, 절망이 곧 우리를 죽음에 이르게 한다.

사업을 하는 사람이건 안 하는 사람이건 가릴 것 없이 요즘 입만 열었다 하면 모두가 하나같이 불경기와 불황을 이야기한다. 그러면서 울적하고 어두운 표정들을 짓는다.

그렇다고 해서 인간의 모든 영역이 불경기이고 불황이라고만 할 수 있을까. 경제적인 현상이 곧 인간의 전체적인 생활현상과 동일한 것일 수 있을까.

인간생활에는 경제적인 현상만이 아니라 문화적인 현상과 정신적인 현상, 이밖에도 경제 외적인 현상이 다양하게 있다.

앞서 살다 간 우리 선인들은 경제 외적인 현상을 통해서 넉넉치 않았던 경제적인 현상을 무난히 극복하면서 사람답게 살 줄을 알았다.

그동안 우리가 생명을 기르고 지탱해 주는 음식물을 함부로 버리면서 흥청망청 너무 과분하게 살아 왔던 자취를 이 불경기와 불황의 시점에서 냉정하게 되돌아보아야 한다. 우리가 살아 온 날들이 우리들 분수에 알맞는 삶이었는지 아니었는지를 물어야 한다. 하루하루 우리의 살림살이가 내 자신과 이웃에게 복과 덕을 심는 것이었는지, 그 복과 덕을 탕진하는 것이었는지 반성해 보아야 한다.

이 세상에서 일어나는 모든 현상은 인과관계의 고리다. 오늘의 불경기와 불황은 결코 우연한 현상이 아니다. 우리 사회의 비리와 부정, 혼란과 혼미는 외부세계에서 주어진 짐이 아니라, 바로 우리들 자신이 순간순간 뿌려서 거둔 열매다.

어떤 작용이 있으면 거기 반드시 반작용이 따르게 마련이다. 작용은 그것을 지탱하는 반작용이 필요하다. 작용은 양극이고 반작용은 음극이다.

이 두 가지가 다 필요하다. 쇠붙이인 비행기가 공중을 날아가는 것은 거기 공기의 반작용(저항)이 있기 때문이다. 공기의 저항이 없으면 비행기는 공중에 뜰 수 없다. 새들이 공중을 나는 것도, 물고기가 물에서 헤엄을 치는 것도 이런 현상이다.

오늘날 우리 사회의 이 혼란과 혼미는 이 땅에서 살아가는 현재
의 우리에게 어떤 의미가 있는지 다같이 곰곰이 생각해 볼 과제다.
　한 제자가 스승에게 물었다.
　"이 어지러운 세상을 어떻게 살아가야 합니까?"
　스승은 대답했다.
　"어지러운 이런 세상이야말로 진짜 좋은 세상好時節 아닌가!"
　무사안일한 태평세월보다는 차라리 난세야말로 그 저항을 통해
서 살맛나는 세상이란 말일 것이다.
　세계 일류국가를 이루겠다는 허황하고 촌스런 꿈을 꾸기 전에,
그 사회 구성원이 상처받지 않고 활기차게 기를 펴고 살 수 있도
록 염원해야 한다. 사회나 국가는 추상적인 개념이다. 사회를 이
루고 있는 구체적인 인간, 즉 정부관료와 정치인과 기업인 등 그
리고 당신과 내가 지닌 의식이 바뀌지 않고서는 사회적인 변혁과
발전은 기대할 수 없다.
　당신은 삶의 가치를 어디에 두고 있는가?
　당신의 '속사람'도 불황을 타는가?　1997

그 산중에 무엇이 있는가

연말에 편지를 몇 통 받았다. 평소에는 서로가 잊은 채 소원히 지내다가도, 한해가 저무는 길목에 이르면 떠오르는 얼굴이 있게 마련이다. 내가 존경하는 목사님 한 분은 해마다 카드를 보내주는데, 올해도 거르지 않고 '더 늦기 전에 스님 만나 많은 이야기 나누고 싶소'라고 회포를 전해주었다. 이런 게 사람 사는 세상의 일이 아닌가 싶다.

한 친구가 편지에 불쑥, 그곳 산중에는 무엇이 있느냐고 선문답처럼 물었다. 이 물음을 받고 나는 문득 옛 은자의 시가 떠올라, 앞뒤 인사말 줄이고 다음의 시를 써서 회신으로 띄웠다.

山中何所有

嶺上多白雲

只可自怡悅

不堪持贈君

산중에 무엇이 있는가
산마루에 떠도는 구름
다만 스스로 즐길 뿐
그대에게 보내줄 수 없네

　옛날 깊은 산 속에 숨어 사는 한 은자에게, 그 산중에 무엇이 있기에 거기 머물러 세상에 나오지 않는가라고 친지가 물었다. 은자는 그 친지에게 답하기를, 자신의 거처에는 이렇다 할 아무것도 없지만 산마루에 떠도는 무심한 구름이 있을 뿐이라고 했다. 그러면서 덧붙이기를, 이런 경지는 혼자서나 조촐히 즐길 뿐 그대에게는 보내줄 수 없노라고 말한다. 이 시를 통해 우리는 그 은자의 욕심을 떠난 담담하고 소탈한 삶을 엿볼 수 있다.
　구름 이야기가 나온 김에 한 가지 더 보태겠다. 고려 말 태고 보우 스님의 문집에 구름 덮인 산을 노래한 ‘운산음雲山吟’이 있는데, 그 가운데 이런 구절이 나온다.

산 위에 흰구름은 희고
산 속에 시냇물은 흘러간다
이 가운데서 내가 살고자 했더니
흰구름이 나를 위해 산모퉁이를 열어 놓았네
흰구름 속에 누워 있으니

청산이 나를 보고 웃으면서
'걱정근심 다 부려 놓았구려' 하네
나도 웃으면서 대답하기를
산이여, 그대는 내가 온 연유를 아는가
내 평생 잠이 모자라
이 물과 바위로 잠자리 삼았노라

청산은 나를 보고 웃으면서 말하네
왜 빨리 돌아와 내 벗 되지 않았는가
그대 푸른 산 사랑하거든
덩굴풀 속에서 편히 쉬게나

옛사람들은 그 무엇에도 쫓기지 않고 이런 운치와 풍류를 지니고 넉넉하게 살 줄을 알았다. 자신이 자연의 한 부분임을 알고서 그 품에 안겨 동화될 수 있었다. 세상살이에 닳아지고 지치게 되면 산에 들어가 숲속에서 쉬면서 자기 자신의 자취를 되돌아보곤 했다.

어느새 묵은 해가 기울고 새해를 맞이하게 되었다. 해가 바뀌면, 나이 어린 사람에게는 한 해가 보태지고, 나이 많은 사람에게는 한 해가 줄어든다. 당신은 지금 어느 쪽인가. 보태지는 쪽인가, 줄어드는 쪽인가.

그러나 보태지고 줄어드는 일에 상관이 없는 사람이 있다.

그는 육신의 나이에 집착하지 않고, 언제 어디서나 순간순간 자신에게 주어진 일에 최선을 다하면서 최대한으로 살고 있는 사람이다. 이런 사람은 시간에 구애받지 않고 세월의 물결에 휩쓸리지 않고 그 자신답게 살아간다.

삶은 끝없는 변화이다. 그리고 날마다 새로운 시작이기도 하다. 우리 자신과 세계가, 우리를 에워싸고 있는 상황이 수시로 변해가면서 새롭게 전개되고 있다. 우리가 한숨 한숨 들이쉬고 내쉬는 생명의 숨결도 흐르는 강물처럼 낡은 것과 새 것이 잇따르고 있다. 이게 바로 살아 있는 생명의 흐름이다.

이런 흐름 속에서 우리가 제정신을 바짝 차리지 않으면, 목표도 지향도 없이 어디론지 끝없이 표류하고 만다. 덧없는 세월 속에서 의미없는 삶으로 막을 내린다면, 우리 인간사가 너무도 허무하지 않겠는가.

우리 시대에 이르러 인류가 쌓아 올린 문명은 그 중심을 잃은 채 휘청거리고 있다. 당당한 인간으로서 삶의 중심을 잃어버린 채 인간들 스스로가 그 설 자리를 무너뜨리고 있는 현실이다.

모든 존재와 현상은 서로 연결되어 있다. 연결의 고리가 튼튼하면 조화와 균형을 이룬다. 개인이나 사회 또는 국가를 물을 것 없이 조화와 균형이 곧 건강이다. 그런데 오늘의 우리 사회는 그 조화와 균형을 잃어가고 있다.

현대인들의 가슴은 아스팔트로 포장되어 간다는 말이 있는데, 그만큼 삭막해서 생명의 싹이 움틀 여지가 없다는 소리다.

가슴은 존재의 핵심이고 중심이다. 가슴은 모든 것의 중심이다. 가슴 없이는 아무것도 존재할 수 없다. 생명의 신비인 사랑도, 다정한 눈빛도, 정겨운 음성도 가슴에서 싹이 튼다. 가슴은 이렇듯 생명의 중심이다. 그 중심의 기능이 마비된 것을 우리는 죽음이라고 부른다.

오늘의 문명은 머리만을 믿고, 그 머리의 회전만을 과신한 나머지 가슴을 잃어 가고 있다. 중심에서 벗어나 크게 흔들리고 있다. 가슴이 식어 버린 문명은 그 자체가 크게 병든 것이다.

비인간적인 이런 수렁에서 헤어나려면 우리 모두가 저마다 따뜻한 가슴을 되찾는 길밖에 없다. 물질의 더미에 한눈 파느라고 식어 버린 가슴을 다시 따뜻하게 가꾸어 삶의 중심을 이루어야 한다. 따뜻한 가슴만이 우리를 사람의 자리로 되돌릴 수 있다.

따뜻한 가슴은 어디서 오는가. 따뜻한 가슴은 저절로 움트지 않는다. 이웃과의 정다운 관계를 통해서, 사물과의 조화로운 접촉을 통해서 가슴이 따뜻해진다. 1996

새벽 달빛 아래서

예불을 마치고 뜰에 나가 새벽달을 바라보았다. 중천에 떠 있는 열여드레 달이 둘레에 무수한 별들을 거느리고 있다. 잎이 져 버린 돌배나무 그림자가 수묵으로 그린 그림처럼 뜰가에 번진다. 달빛이 그려 놓은 그림이라 나뭇가지들이 실체보다도 부드럽고 푸근하다.

밤새 개울물 소리에 씻겨 투명해진 새벽달을 바라보면서, 언젠가 화집에서 본 심전心田 안중식의 '성재수간도聲在樹間圖'가 연상되었다. 소리가 나무 사이에서 난다는 그림인데, 표현을 달리하자면 숲속에서 들려오는 소리다.

숲속에 사는 한 사내가 달빛 아래 누군가를 기다리는 듯 사립문 쪽을 유심히 바라보고 있는데, 찾아오는 이는 없고 바람만 휘몰아치면서 그의 머리카락과 나뭇잎이 심하게 나부끼고 있는 풍경이다. 어쩌면 그는 방 안에서 바람소리를 듣다가 밖에 누가 오는 듯

한 소리를 듣고 문밖으로 나와본 것인지도 모른다.

중천에 떠 있는 새벽달을 바라보면서 떠오른 그림이다. 새벽달은 게으른 사람들에게는 만나보기 어렵다. 누구에게나 똑같이 주어진 하루 스물네 시간이지만 그 시간을 유용하게 쓸 줄 아는 사람들만이 누릴 수 있는 자연의 은혜다.

이 우주에 살아 있는 모든 것은 한 곳에 머물러 있지 않고 움직이고 흐르면서 변화한다. 한 곳에 정지된 것은 살아 있는 것이 아니다. 해와 달이 그렇고 별자리도 늘 변한다. 우리가 기대고 있는 이 지구가 우주 공간에서 늘 살아 움직이고 있다.

무상無常하다는 말은 허망하다는 것이 아니라 '항상하지 않다' '영원하지 않다'는 뜻이다. 그러므로 고정되어 있지 않고 변한다는 뜻이다. 이게 우주의 실상이다. 이 변화의 과정 속에 생명이 깃들이고, 이런 변화의 흐름을 통해서 우주의 신비와 삶의 묘미가 전개된다.

만약 변함이 없이 한 자리에 고정되어 있다면 그것은 곧 숨이 멎은 죽음이다. 살아 있는 것은 끝없이 변하면서 거듭거듭 형성되어 간다. 봄이 가고 또 오고, 여름과 가을과 겨울이 그와 같이 순환한다. 그것은 살아 있는 우주의 호흡이며 율동이다. 그러니 지나가는 세월을 아쉬워할 게 아니라, 오는 세월을 유용하게 쓸 줄 아는 삶의 지혜를 터득해야 한다.

요즘 돌아가는 세태를 유심히 살펴보면 우주의 호흡과 같은 자연스런 움직임과 흐름을 인위적으로 저지하고 막으려는 데 큰 병통이 있는 것 같다. 불경기로 인해 세상의 흐름이 막히고 있다. 경제활동이 원활하지 못해서 돈이 잘 안 돌아가는 현상이다. 물건의 거래가 활발하지 않고 상업이나 생산활동에 활기가 없다. 그래서 여기저기서 기업이 무너지고 있다. 다른 말로 하자면 돈줄이 막혀 그 힘으로 움직이던 경제활동이 멈추어 선 것이다.

비전문가의 처지에서 주제넘는 참견 같지만 우리가 몸담아 사는 세상일이니 모른 체할 수가 없다.

세상일은 여러가지 현상이 얽히고 설켜 서로 영향을 주고받으면서 연관되어 있다. 경제현상도 경제 자체만이 아니라 경제 외적인 현상과 서로 맞물려 있다. 경제의 주체는 재화가 아니라 그것을 쓸 줄 아는 사람이다.

경제정책을 세우고 그 일을 추진하는 사람들이 전체적인 우주의 흐름을 모르고, 눈앞 일만 가지고 이리저리 끼워 맞추려고만 하니 오늘 같은 파국을 가져올 수밖에 더 있겠는가. 그 사회의 모든 현상이 활발하게 살아 움직여 전체적으로 활기찬 조화를 이루도록 하는 것이 정치가 해야 할 일인데, '신한국' '신경제'를 내세운 집권세력들이 부패의 고리를 끊는다는 명분 아래, 생명의 원리를 무시하고 그 흐름을 인위적으로 차단한 데서 오늘과 같은 결과를 가져온 것이다. 그러나 긴 눈으로 보면 이도 또한 이 땅에 새로운 흐름을 가져올 전기가 될 것이다.

돈이란 우리들 마음이 평온하고 기쁨으로 차 있을 때, 우리가 하는 일이 사회적으로도 떳떳하고 즐거울 때, 자연스럽게 따라오는 에너지와 같은 것이다. 따라서 돈을 수량적인 단위로만 보지 말고 좋은 일과 좋은 생각에 따라다니는 우주의 흐름, 즉 에너지의 흐름으로 볼 수 있어야 한다.

개인이나 기업이 이런 흐름의 오묘한 도리를 이해한다면, 그 흐름을 받아들일 자세와 그것을 값있게 활용할 길을 찾게 될 것이다. 흔히 하는 말로, 돈을 쫓아다니지 말고 돈이 따라오도록 하라는 것도 이 에너지의 흐름을 두고 하는 말일 것이다.

흐름이 멈추어 한 곳에 고이게 되면 부패한다. 이것은 우주 생명의 원리다. 물질만이 아니라 사람의 생각도 어느 한 곳에만 얽매여 갇혀 있게 되면 그 이상의 성장이나 발전은 없다. 그래서 늘 새롭게 시작하라는 것이다. 살아 있는 물은 밤낮없이 흐르면서 스스로도 살고 남들도 살린다.

새벽 달빛 아래서 흐름에 귀 기울이다. 1997

2
진정으로 하고 싶은 일을 하라

장작 벼늘을 바라보며

장마가 오기 전에 서둘러 땔감을 마련했다. 한여름에 땔감이라니 듣기만 해도 덥게 여길지 모르지만, 궁벽한 곳에서는 기회가 있을 때 미리미리 준비해 두는 것이 살아가는 지혜다.

오두막에 일이 있을 때마다 와서 도와주는 일꾼이 지난 봄에 일을 하러 올라왔을 때, 땔감이 다되어 간다는 말을 했더니, 며칠 전 내가 집을 비운 사이 나무를 실어다 놓았다. 어디서 구했는지 땔감으로는 가장 불담이 좋은 참나무다.

어제 오늘 통나무를 난로와 아궁이에 지피기 좋도록 톱으로 잘라 함께 벼늘을 쌓았다. 제재소에서 피죽만 한 차 더 실어다 놓으면, 두어 해 땔감 걱정은 하지 않아도 된다. 운동 삼아 그때그때 통장작을 도끼로 패서 쓰면 될 것이다.

이제는 일반 가정에서 아궁이에 나무를 지필 일이 거의 사라져, 땔나무에 대한 기억과 관심도 소멸되어 가지만, 산촌의 재래식 단

독 가옥에서는 땔나무에 대한 필요가 현재에도 진행중에 있다.

지난날의 기억을 지니고 있는 사람이면 익히 알고 있을 것이다. 마당 한쪽이나 뒤안에 나뭇벼늘이 그득 쌓여 있으면 저절로 집 안에 훈기가 감도는 것 같다. 그리고 장작 벼늘의 질서 정연한 모습은 그 집 안의 한 분위기를 이루고 있다.

가끔 내 글에 '일꾼'으로 등장하는 사람은 20리 밖에 사는 믿음성 있고 착실한 30대 젊은이다. 내가 이 오두막에 온 이듬해 봄 묵은 밭에 나무를 심기 위해 산림조합에서 묘목을 한 차 사서 싣고 와야 할 일이 있어, 제재소에 문의를 했더니 한 젊은이를 소개해 주었다. 처음 전화로 사정 이야기를 했을 때 들려오는 목소리에 믿음이 갔다.

그의 소형 트럭으로 묘목을 실어온 다음날, 나무를 심기 위해 그가 다시 올라와 일을 하면서 나더러 아무개 스님이 아니냐고 물었다. 내 글을 읽고 책에서 본 얼굴을 기억해 낸 모양이었다. 나는 웃으면서 혼자만 알고 있지 아무한테도 발설하지 말라고 단호하게 당부를 해두었다.

그때의 당부는 오늘까지도 잘 지켜지고 있다. 그의 이름을 밝히지 않는 것은 내 거처를 세상에 알리고 싶지 않은 것과 같은 이유에서다. 1남 1녀의 가장인 그는 머리가 총명하여 무슨 일이든지 거의 만능이다. 지난 봄 흙방을 만든 것도 그의 솜씨다. 부양가족이 있어 허리가 휘도록 일을 하면서도 여가만 있으면 책을 가까이하는 중심이 잡힌 사람이다. 그는 가을바람이 불어오면 외로움을 타는 가슴이 따뜻한 사나이기도 하다.

이 외진 오두막에 일이 있을 때마다 올라와 기꺼이 도와주는 신실한 그가 없었다면, 내 오두막 살림살이는 너무나 팍팍할 뻔했다. 그를 만난 인연에 나는 안으로 늘 고마워하고 있다. 한 사람이 다른 사람의 삶에 도움을 준다는 것은, 인간의 신의와 유대를 그만큼 굳게 맺어주는 일이기도 하다.

뜰에 잡초가 무성해졌는데도 나는 그대로 놓아 둔 채 크게 자란 것들만 뽑아냈다. 내 성미를 잘 아는 사람이라면 이런 뜰을 보고 이상하게 여길 것이다. 지난해까지만 해도, 뜰은 늘 말끔히 풀이 뽑히고 정갈하게 비질이 되어 있었다.

나이 먹어가는 탓인지, 게으른 변명인지, 요즘에 와서는 내 생각이 많이 달라져 가고 있다. 그대로 두어도 좋을 것에는 될 수 있는 한 손질을 덜 하고 그대로 바라보기로 한 것이다. 있는 사물을 그대로 본다는 것은 내 자신과 대상을 수평적으로 같은 자리에서 대함이기도 하다.

이 세상에는 사람만 사는 것이 아니라 수많은 생명들과 함께 살고 있다. 모든 존재는 저마다 그 존재 이유를 지니고 있다. 그런데 우리들이 사람 표준으로만 생각하고, 둘레의 사물을 인간 중심의 종속적인 관계로 여기기 때문에 지금 지구촌에 온갖 이변이 일고 있다고 나는 생각한다.

잡초만 해도 그렇다. 논밭에 자라난 잡초는 곡식을 위해 어쩔 수 없이 뽑아내지만, 잡초 그 자체는 결코 '잡초'가 아니라 그 나름의 존재 이유를 지니고 있다. 말하자면 커다란 생명의 잔치에 함께 동참하고 있는 것이다.

옛사람은 이런 말을 하고 있다.

"풀이 걸음을 방해하거든 깎고 나무가 관冠을 방해하거든 잘라 내라. 그밖의 일은 자연에 맡겨 두라. 하늘과 땅 사이에 서로 함께 사는 것이야말로 만물로 하여금 제각기 그 삶을 완수하도록 하는 것이니라." 1997

새벽에 내리는 비

　새벽에 비 내리는 소리를 듣고 잠에서 깨어났다. 머리맡에 소근 소근 다가서는 저 부드러운 발자국 소리. 개울물 소리에 실려 조용히 내리는 빗소리에 귀를 기울이고 있으면 살아 있는 우주의 맥박을 느낄 수 있다.

　새벽에 내리는 빗소리에서 나는 우주의 호흡이 내 자신의 숨결과 서로 이어지고 있음을 감지한다. 그 무엇에도 방해받지 않는 자연의 소리는, 늘 들어도 시끄럽거나 무료하지 않고 우리 마음을 그윽하게 한다.

　사람이 흙을 일구며 농사를 짓고 살던 시절에는 이와 같은 자연의 소리를 들으면서 그 질서 안에서 넘치지 않고 순박하게 살 수 있었다. 작은 것에 만족하고 적은 것에도 고마워했다. 남이 가진 것을 시샘하거나 넘보지도 않았다. 자기 분수에 자족하면서 논밭을 가꾸듯 자신의 삶을 묵묵히 가꾸어 나갔다.

그러나 물질과 경제를 '사람'보다도 중요시하고 우선시하는 요즘 세상에서는, 농사를 짓는 사람들까지도 대부분 예전 같은 감성과 덕성을 지니고 있지 않다. 농사도 이제는 기업으로 여겨 먼저 수지타산을 따져야 하기 때문이다. 논밭을 조상으로부터 물려받은 신성한 생명의 터전으로 여기기보다는 생산과 효용의 수단으로 이용하고 있을 뿐이다.

흙을 가까이하면서도 흙이 지니고 있는 그 덕성과 생명의 질서를 몸에 익히지 못하는 것은, 흙한테 죄송하고 또한 흙의 은혜를 저버리는 일이기도 하다.

좁은 땅덩이에 인구는 불어나 어쩔 수 없이 양계장처럼 켜켜이 올려놓은 아파트라는 주거형태는, 우선은 편리하겠지만 인간의 본질과 장래를 생각할 때 결코 이상적인 주거공간은 못 된다. 그 같은 주거공간에는 생명의 근원인 흙이 없다. 허공에 매달려 추상적이고 관념적으로 살아가는 생태이므로 인간생활이 건강할 수 없다. 한마디로 요약하면, 사람은 흙에서 멀어질수록 병원과 가까워진다.

우리에게는 각자가 짊어지고 있는 상황이 있다. 좋건 싫건 그 상황 아래서 살아가지 않을 수 없다. 자신의 뜻은 보다 단순하고 소박하게 살고 싶은데, 주변의 상황은 그렇게 살기를 허용하지 않는다. 이게 아닌데 아닌데 하면서도 어쩔 수 없이 끌려가면서 사는 일이 허다하다.

물론 그와 같은 상황은 자기 자신이 순간순간의 삶을 통해서 그렇게 만들어 놓은 것이고 개인의 집합체인 사회가 또한 그런 흐름을 이루어 놓은 것이다.

이를 다른 용어로 표현하자면, 우리들의 삶은 '업業의 놀음'이라고 할 수 있다. 개인의 상황을 별업別業이라 하고, 사회적인 상황을 공업共業이라고 한다.

우리 둘레가 온통 부정 부패와 검은 돈의 거래로 들끓고 있는 요즘의 현실을 지켜보면서, 우리 시대가 저지른 업의 놀음을 실감하게 된다. 탐욕이 생사 윤회의 근본 요인이라는 말도 있지만, 모두 분수 밖의 욕심 때문에 나라꼴이 이 지경에 이른 것이다.

끼니를 이을 수 없을 만큼 가난한 처지라면 이해도 가지만, 다들 번쩍거리면서 살 만큼 사는 사람들이 검은 돈에 놀아나고 있으니, '사과 상자'의 위력이 무엇이기에 이 모양 이 꼴인가. 자기 분수와 명예를 목숨처럼 지키면서 꿋꿋하게 살았던 우리 선인들의 선비 정신을 생각하면, 돈의 노예로 전락해 버린 그 후손인 우리의 설 자리는 과연 어디일까 싶다.

알퐁스 도데를 기억하는가. 남프랑스 프로방스의 한 양치기의 아름다운 이야기, 〈별〉을 쓴 작가를. 아를르 역전에서 버스를 타고 한 10여 분 달리면 퐁비에이라는 시골마을이다. 버스에서 내려 다박솔이 듬성듬성한 메마른 언덕을 올라가면 정상에 작은 풍차집이 하나 있다. 알퐁스 도데가 1866년경 〈풍차 방앗간 소식〉의 연작을 썼던 곳이 바로 여기다. 지금은 '도데 기념관'으로 쓰이고 있는데, 론 강 언저리에서 불어오는 서북풍(미스트랄)으로 풍차를 돌려 밀을 빻던 방앗간이다.

오늘 소개하려는 이야기, '황금의 뇌를 가진 사나이'도 도데가 이곳에서 쓴 것이다. 이야기는 이와 같이 이어진다.

……옛날에 머릿속이 온통 황금으로 된 사나이가 있었다. 그가 세상에 태어났을 때, 의사들은 그 아이가 오래 살지 못할 것이라고 생각했다. 아이의 머리가 이상하리만큼 크고 무거웠기 때문이다.

어느날 그는 계단에서 굴러 떨어져 대리석 층계에 이마를 세게 부딪친다. 순간 그의 머릿속에서 쇠붙이가 덜거덕거리는 소리가 들린다. 부모가 놀라서 뛰어와 아이를 일으켜보니 큰 상처는 없었지만 머리카락 사이에 삐죽이 황금 부스러기가 나와 있는 걸 보고, 그 아이가 황금으로 된 뇌를 가지고 있다는 사실을 비로소 알게 된다.

이날부터 부모는 아이를 누가 유괴해 갈까 봐 밖에 나다니지 못하게 한다. 아이가 자라서 열여덟 살이 되었을 때에야 부모는 그가 태어날 때부터 가지고 있던 비밀을 알려준다. 그러면서 너를 키우느라고 애간장을 태웠으니 그에 대한 보답으로 머릿속의 황금을 조금만 나누어줄 수 없겠느냐고 한다. 아이는 선뜻 호두알 크기만한 황금덩어리를 자신의 두개골에서 떼어내어 어머니에게 드린다.

그는 이때부터 머릿속에 들어 있는 값비싼 황금에 정신이 팔려 이 황금이면 세상에서 무슨 일이든지 할 수 있을 거라고 자만하게 된다. 그는 황금을 마구 낭비하면서 왕족처럼 사치스럽게 살아간다. 뇌 속의 황금은 방탕한 생활로 인해 자꾸 줄어들고, 못된 친구에게 도둑 맞기도 한다. 그러다가 마침내 골 속이 다 비어 인생을 제대로 살아보지도 못한 채 죽음에 이르게 된다.

이 이야기는 다음과 같이 끝을 맺고 있다.

'세상에는 하찮은 것을 위해 자신의 소중한 황금을 마구 낭비하는 불쌍한 사람들이 많다. 그 하찮은 것들로 인해 그들은 하루하루를 고통 속에 살다가 처참한 죽음을 맞이한다.'

자신의 좋은 특성과 잠재력으로 상징되는, 당신이 지닌 그 황금은 무엇인가? 소중한 그 황금을 혹시나 하찮은 일에 탕진하고 있지는 않는가? 1997

진정으로 하고 싶은 일을 하라

나는 중이 되지 않았으면 목수가 됐을지도 모른다는 생각을 한 적이 있다. 일용에 쓰일 물건을 만들기 위해 연장을 가지고 똑딱 거리고 있으면 아무 잡념도 없이 즐겁기만 하다. 하나 하나 형성 되어 가는 그 과정이 또한 즐겁다.

며칠 전에도 아궁이의 재를 쳐내는 데 쓰일 고무래를 하나 만들 었다. 전에 쓰던 것이 망가져 다시 만든 것이다. 톱으로 판자를 켜 고, 나뭇단에서 자룻감을 찾아 알맞게 다듬고 똑딱똑딱 못을 박아 완성해 놓았다. 시험 삼아 새 고무래로 재를 쳤더니 고래가 훤히 들여다보이도록 아궁이 속이 말끔해졌다. 아궁이 속에 걸리적거 리는 것이 없어야 불도 잘 들인다.

고무래 같은 걸 시장에서는 팔지도 않지만 만약 그걸 돈을 주고 사다가 쓴다면, 손수 만들 때의 그 즐거움은 누리지 못할 것이다.

내가 처음 불일암에 들어가 만든 의자는 20여 년이 지났는데도 아직 말짱하다. 장작더미 속에서 쓸 만한 참나무 통장작을 고르고 판자쪽을 잇대어 만든 것인데, 사용중에 못이 헐거워져 못을 다시 박은 것말고는 만들 때 그대로다. 그때 식탁도 함께 만들었는데 몇 차례 암주가 바뀌더니 지금은 눈에 띄지 않는다.

산중에서는 재료로 쓰이는 나무가 한정되어 있기 때문에 재목의 크기와 생김새에 따라 그에 맞도록 만들 수밖에 없다. 큰절 헛간에서 굴러다니던 밤나무 판자를 주워다가 대패로 밀고 톱으로 켜서 맞추어 놓은 폭이 좁은 서안書案은 지금도 그 암자의 큰방에서 요긴하게 쓰이고 있다.

중노릇과 목수일을 간단히 비교할 수는 없지만, 순수하고 무심하기로 말한다면 중노릇보다 목공일 쪽이 그 창조의 과정에서만은 훨씬 앞설 것이다. 사람끼리 어우러지는 중노릇에는 말도 많고 탈도 많은 '중생놀음'이 끼여들기 때문이다.

사람은 자신이 참으로 하고 싶은 일을 하면서 살 수 있어야 한다. 자신이 하는 일을 통해서 자신이 지닌 잠재력을 발휘하고, 삶의 기쁨을 누려야 한다.

세상에는 여러 종류의 직업이 있다. 그런데 그 일이 참으로 좋아서 하는 직업인이 얼마나 될까? 대개는 그 일이 좋아서, 그리고 하고 싶었던 일이어서가 아니라, 수입과 생활의 안정을 위해 어쩔 수 없이 선택한 경우가 허다하다. 그렇기 때문에 자신이 하는 일에 애착도 지니지 않고 책임감도 느끼려고 하지 않는다.

이렇게 되면 일과 사람이 겉도는 불성실한 직업인이 될 수밖에 없다. 사람이 일을 하지만 그 일에 흥미가 없으면 일과 사람은 하나가 될 수 없다. 자신이 하는 일에 흥미를 가지고 책임을 느낄 때 사람은 그가 하는 일을 통해서 인간이 되어 간다.

한눈 팔지 않고 한 가지 일에만 전념하는 장인匠人들은 그 일에 전 생애를 걸고 있다. 그들은 보수에 넋을 팔지 않고 자신이 하는 그 일 자체에서 삶의 의미와 기쁨을 순간순간 만들어 가고 있는 것이다.

55세 혹은 60세가 되면 직장에서는 일을 그만 쉬라는 정년停年을 맞는다. 그때 남는 것은 과연 무엇인가?

직장에는 정년이 있지만 인생에는 정년이 없다. 흥미와 책임감을 지니고 활동하고 있는 한 그는 아직 현역이다. 인생에 정년이 있다면 탐구하고 창조하는 노력이 멈추는 바로 그때다. 그것은 죽음과 다름이 없다.

타율적으로 관리된 생활방식에 길들여지면 자율적으로 자신의 삶을 개선하고 심화시킬 그 능력마저 잃는다. 자기가 하는 일에 흥미와 의미를 느끼지 못하면 그는 하루하루 마모되어 가는 기계나 다름이 없다. 자기가 하는 일에 자신의 인생을 송두리째 걸고 인내와 열의와 정성을 다하는 사람만이 일의 기쁨을 누릴 수 있다.

이런 이야기가 전해진다. 그 옛날 장원의 한 영주가 산책길에 자신이 고용하고 있는 젊은 정원사가 땀을 흘리면서 부지런히 정원일을 하는 것을 보았다. 걸음을 멈추고 살펴보니 정원을 구석구석 아주 아름답게 손질하고 있었다. 그뿐만 아니라 젊은 정원사는 자기가 관리하는 나무 화분마다 꽃을 조각하는 일에 열중하고 있었다.

이런 광경을 목격한 영주는 그 젊은 정원사를 기특하게 여겨 그에게 물었다.

"자네가 화분에다 꽃을 조각한다고 해서 품삯을 더 받을 것도 아닌데, 어째서 거기에다 그토록 정성을 기울이는가?"

젊은 정원사는 이마에 밴 땀을 옷깃으로 닦으면서 이렇게 대답했다.

"나는 이 정원을 몹시 사랑합니다. 내가 맡은 일을 다하고 나서 시간이 남으면 더 아름답게 만들기 위해 이 나무통으로 된 화분에 꽃을 새겨넣고 있습니다. 나는 이런 일이 한없이 즐겁습니다."

이 말을 들은 영주는 젊은 정원사가 너무 기특하고 또 손재주도 있는 것 같아 그에게 조각 공부를 시킨다. 몇 년 동안 조각 공부를 한 끝에 젊은이는 마침내 크게 이룬다. 이 젊은 정원사가 뒷날 이탈리아 르네상스기 최대의 조각가요, 건축가이며 화가인 미켈란젤로 그 사람이다.

그는 자신이 하는 일에 열의와 기쁨을 가지고 품삯과는 상관도 없이 아름다움을 만들어 간 것이다. 그는 화분의 나무통에 꽃을 아름답게 조각하는 과정에서 자신의 인생을 아름답게 꽃피울 수 있었던 것이다.

5분이나 10분만 더 손질을 하면 마저 끝낼 일을 시간이 됐다고 해서 연장을 챙겨 떠나는 요즘의 야박하고 약삭빠른 일꾼들 눈으로 보면, 그 젊은 정원사는 숙맥이요, 바보로 보일 것이다. 자신의

72

일에 애착과 책임감을 가지고 기꺼이 땀흘리는 이런 사람이야말
로 우리 사회에서는 높고 귀한 존재다.
    당신이 진정으로 하고 싶은 일을 찾으라.
    그 일에 전심전력을 기울이라.
    그래서 당신의 인생을 환하게 꽃피우라. 1998

달빛에서도 향기가 나더라

초복을 고비로 장마가 개더니 밤으로는 달빛이 하도 좋아 쉬이 잠들 수가 없다. 앞산 마루 소나무 가지 사이로 떠오르는 달은 더없이 정다운 얼굴이다.

잠옷 바람으로 뜰을 어정거리면서 달빛을 즐기다가 한기가 들면 방에 들어와 차 한잔 마시고 겉옷을 걸치고 다시 밖으로 나간다. 달은 어느새 중천에 떠 있다. 달밤에는 나무와 바위들도 달빛을 머금어 그 모습들이 한층 그윽해 보인다. '쏙독쏙독' 쏙독새(일명 머슴새)가 내 머리 위로 몇 바퀴 맴돌다 날아가고, 저 건너 숲속에서 들려오는 소쩍새 소리에 밤은 더욱 이슥하다.

밤이슬로 옷이 눅눅해져 방 안으로 들어온다. 방 안은 방 안대로 창호에 비친 달빛으로 넘치고 있다. 등잔불이 소용없다. 자리에 누웠다가 다시 일어나 창문을 연다. 잠자리에, 베개 위에 달님이 들어오신다. 달빛을 베고 누워 중천에 떠 있는 달을 바라본다.

달도 나를 내려다본다. 아, 달빛에서도 향기가 나네!

이것이 요 며칠 동안 되풀이해 온 내 밤의 놀이다. 요즘 같은 이런 달빛은 일년 열두달을 두고도 쉽게 만나보기 어렵다. 밝기로 말한다면, 여름달보다 가을달이 한층 더하지만 가을달은 여름달만큼 푸근하지 않다. 그리고 가을달은 차고 쓸쓸하다.

강이나 산, 바람과 달은 정해진 주인이 따로 있지 않다. 마음이 투명하고 한가로운 사람이면 누구나 그 정취를 누릴 수 있다. 이같은 달밤이 없다면 산에 사는 재미는 반감되고 말 것이다.

이런 밤에 나는 따로 배우고 익히지 않는다. 달빛 아래서 어정거리기만 하여도 내 마음은 가득 넘치려고 한다. 이런 밤을 누구와 더불어 맞이할 것인가. 홀로 있을수록 함께 있는 묘리를 터득하고 나면 홀로 있어도 그저 충만할 뿐이다.

모처럼 달님이 내 뜰에 오셨는데, 방 안에 꼿꼿이 앉아 좌선을 하고 경전을 펼쳐 든다면 그것은 달님에 대해 실례가 될 것이다. 일상에 구겨지고 얼룩진 우리들의 마음을 마치 달빛에 옷감을 바래듯이 맑혀야 한다. 달은, 좋은 달빛은 늘 있는 것이 아니다.

옛날 어떤 선비는 밤에 잠자리에 들려고 하다가 밝은 달빛이 방안에 비쳐드는 걸 보고 벌떡 일어났으나, 생각해 보니 가까운 이웃에는 함께 달빛을 즐길 만한 벗이 없었다. 달밤의 정취는 아무하고나 나눌 수 있는 것이 아니기 때문이다. 그래서 10리 밖 절에 가 있는 한 지기를 생각하고 그를 찾아갔더니, 그도 또한 잠을 이루지 못하고 있었다.

두 사람이 함께 뜰을 거니는데, 뜰은 마치 호수와 같아서 물 속에 수초가 서로 엉켜 있는 모습이었다. 그것은 대나무와 잣나무의 그림자가 달빛에 서로 엉켜 있기 때문이었다.

동서고금을 통해 달을 좋아하여 노래하고 읊은 시인 묵객들이 많지만, 그 중에도 당나라의 시인 이백李白처럼 우리에게 친숙한 사람은 없을 것이다. '달아 달아 밝은 달아, 이태백이 놀던 달아……' 하는, 뜻도 잘 모르던 가락이 어린 시절 우리들 입에 곧잘 오르내렸었다.

'달 아래서 홀로 마시며月下獨酌'라는 연작시가 있는 걸 보아도 그가 얼마나 달을 사랑했는지 알 수 있다. 전설적인 이야기지만, 그가 배를 타고 달 마중을 나갔는데 강물에 비친 달이 너무 아름다워 그걸 건지려고 강물에 뛰어들었다가 그 길로 종적을 감추었다는 사연은 실로 풍류시인의 죽음답다.

서산에 해 기울어 산그늘이 내릴 무렵, 훨훨 벗어붙이고 맨발로 채소밭에 들어가 김 매는 일이 요즘 오두막의 해질녘 일과다. 맨발로 밭흙을 밟는 그 감촉을 무엇에 비기리. 흙을 가까이하는 것은 살아 있는 우주의 기운을 받아들이는 일이다.

흙을 가까이하라. 흙에서 생명의 싹이 움튼다.

흙을 가까이하라. 나약하고 관념적인 도시의 사막에서 벗어날 수 있다.

흙을 가까이해야 삶의 뿌리를 든든한 대지에 내릴 수 있다.

땀 흘려 일하고 나서 물을 데워 끼얹고 새옷으로 갈아입으면,

날개라도 돋아날 듯 상쾌한 기분이다.

　동산에 떠오르는 보름달을 맞이하는 날, 나는 마른 옷으로 갈아
입는다. 이것은 요 근래에 생긴 새로운 버릇인데, 둥근 달을 맑은
마음으로 마중하기 위해서다.　1997

명상으로 삶을 다지라

산들바람에 마타리가 피어나고 있다. 입추가 지나자 산자락 여기저기에 노란 마타리가 하늘거린다. 밭둑에서 패랭이꽃이 수줍게 피고, 개울가 층계 곁으로 늘어선 해바라기도 며칠 전부터 환한 얼굴을 드러내기 시작했다. 풀벌레 소리가 이제는 칙칙한 여름 것이 아니다.

이렇듯 산에는 요 며칠새 초가을 입김이 서서히 번지고 있다. 눅눅하게 남아 있는 여름의 찌꺼기들을 말끔히 씻어내고자, 앞뒤 창문을 활짝 열어 산 위에서 불어오는 산들바람을 맞아들였다.

그런데도 마음 한 구석은 괌에서 일어난 대한항공기 참사로 인해 무겁고 착잡하기만 하다. 그 많은 생명들이 한순간에 무참하고 억울하게 희생되고 말았으니, 그 가족과 친지들의 비통한 슬픔뿐 아니라 우리 모두의 가슴에 멍이 들지 않을 수 없다.

사고가 나던 그날 밤, 나는 전에 없이 마음이 불안하고 초조해서 제대로 잠을 이루지 못했었다. 날이 샌 후에도 어째서 그토록 불안한 마음이었는지 곰곰이 헤아려보았지만 그 까닭을 알 수 없었다. 점심시간 식탁에서 라디오로 정오 뉴스를 듣고서야 비로소 불안했던 그 실체를 알아차리게 되었다. 우리들 한 사람 한 사람은 커다란 생명의 뿌리에서 나누어진 가지임을 다시 한 번 확인하게 된 계기였다.

대부분의 사람들은 바쁜 일상사에 쫓기느라고, 자신을 한 웅덩이 속에만 가두어 놓고 그 속에서 부침한다. 그들은 끝내 넓은 강물의 넘치는 흐름 속에 합류하려고 하지 않는다.

버스와 열차와 선박 그리고 항공기와 같은 교통수단의 대형 사고가 있을 때마다 나는 이런 생각을 하게 된다. 수많은 생명을 싣고 나르는 운전사와 기관사, 선장 그리고 기장은 평소에 운행 기술뿐 아니라 정신적인 훈련도 함께 닦아 나갔으면 하는 바람이다.

버스와 열차와 선박과 항공기는 순조로운 운행만이 아니라 언제 어디서 갑작스런 돌발 상황에 부닥치게 될지 알 수 없기 때문이다. 그들에게는 항상 고도의 주의력과 순간적인 판단과 대처 능력이 몸에 그림자처럼 따라야 한다.

사람의 마음은 그 어디에도 얽매임 없이 순수하게 집중하고 몰입할 때 저절로 평온해지고 맑고 투명해진다. 마음의 평온과 맑고 투명함 속에서 정신력이 한껏 발휘되어 고도의 주의력과 순발력과 판단력을 갖추게 된다.

명상은 그 같은 정신력을 기르는 지름길이다. 명상은 특수한 계

층에서 익히는 특별한 훈련이 아니다. 우리가 먹고 마시고 놀고 자고 혹은 배우고 익히는 것과 마찬가지로 명상은 우리들 삶의 일부분이다. 명상은 안팎으로 지켜보는 일이다. 자기 자신 안에서 일어나는 감정의 변화와 언어 동작, 생활습관들을 낱낱이 지켜보는 일이다.

여러가지 얽힌 일들로 인해 죽 끓듯 하는 그 생각과 생각의 흐름을 면밀히 주시한다. 지켜보는 동안은 이러쿵저러쿵 판단하지 않는다. 흘러가는 강물을 강둑 위에서 묵묵히 바라보듯이 그저 지켜볼 뿐이다.

명상은 소리없는 음악과 같다. 그것은 관찰자가 사라진 커다란 침묵이다. 그리고 명상은 늘 새롭다. 명상은 연속성을 갖지 않기 때문에 지나가 버린 세월이 끼여들 수 없다. 같은 초이면서도 새로 켠 촛불은 그 전의 촛불이 아닌 것처럼 어제 했던 명상은 오늘의 명상과 같은 것일 수 없다. 이와 같이 명상은 흐르는 강물처럼 늘 새롭다.

일상적인 우리들의 정신상태는 너무나 복잡한 세상살이에 얽히고 섥켜 마치 흙탕물의 소용돌이와 같다. 우리가 한치 앞도 내다볼 수 없는 것도 이런 흙탕물 때문이다. 생각을 돌이켜 안으로 자기 자신을 살피는 명상은 이 흙탕물을 가라앉히는 작업이다. 흙탕물이 가라앉으면 둘레의 사물이 환히 비친다. 본래 청정한 제자리로 돌아온 것이다.

이와 같은 명상은 개인의 정신건강을 위해 누구나 익혀볼 만한 일이다. 특히 많은 사람을 거느리고 무거운 책임을 지고 있는 기관이나 조직의 책임자들에게는 필수적인 훈련이 되어야 할 것 같다. 일본이나 구미 제국에서 기업의 경영자들이 명상을 익혀서 그들의 기업 경영에 크게 활용하고 있는 것은 주목할 만한 일이다.

난기류 관계로 공기가 희박해져서 비행중인 항공기의 고도가 갑자기 떨어지거나 순간적인 동요를 일으키는 현상을 일러 '에어 포켓'이라고 한다. 우리가 이 풍진 세상을 살아가는 인생의 과정에도 그런 에어 포켓은 있다. 정신적인 좌절과 무기력증이 바로 그것이다.

이런 때 '나는 누구인가?' 하고 안으로 진지하게 묻고 또 물어야 한다. 해답은 그 물음 속에 들어 있다. 때때로 자기 자신을 성찰하는 일이 없다면 우리 마음은 황무지가 되고 말 것이다.

명상하라. 그 힘으로 삶을 다지라. 1997

홀로 있음

겨울철이면 늘 하는 일과인데도 그때마다 새로 시작하는 일만 같다. 우리가 살아가는 세상살이도 철따라 비슷비슷한 되풀이인데, 막상 일에 마주치고 보면 처음 겪는 일처럼 새롭기만 하다.

도끼로 얼음장을 깨고 얼음장 밑으로 흐르는 개울물을 길어다 쓴다. 그리고 그 도끼로 장작을 패서 난롯불도 지피고 아궁이에 군불도 땐다. 이렇게 지내다보니 물과 나무와 불이 우리 살림에 없어서는 안 될 아주 요긴한 것들로 여겨진다.

흙과 물과 불과 바람 즉 지수화풍 地水火風, 이 네 가지로 우주가 구성되었듯이, 우리 몸도 이 네 가지로 이루어졌다는 말에 실감이 간다. 그러니 근원적으로 볼 때 이 우주와 우리들 자신이 결코 다르지 않은 한몸이다. 그래서 우리 몸을 작은 우주라고 하는 것 같다.

내가 내 둘레를 무너뜨리거나 더럽히면 결과적으로 내 몸을 내 자신이 파괴하고 오염시키는 거나 다름이 없다. 이런 일은 눈에 보이는 외부적인 현상으로 끝나지 않고 곧 우리들 정신세계에도 똑같은 피해를 끼친다. 심신불이心身不二, 즉 마음과 몸은 따로 떼어서 생각할 수 없는 하나다.

오늘날 우리들 생활환경이 지구촌 곳곳에 기상이변을 불러일으킬 만큼 심각하게 훼손되어 있다는 것은, 현대를 살고 있는 우리 인간들의 정신상태가 그만큼 정상에서 벗어나 황폐되어 있다는 증거이기도 하다.

이런 문제는 결코 말로써 해결될 일이 아니다. 한 사람 한 사람이 저마다 몸담아 살아가는 삶의 터전에서 크게 각성하고 개선해야 할 절실한 과제이다.

대부분의 사람들이 물을 돈으로 사서 쓰지만, 그 돈이 물에게 직접 지불되는 것은 아니다. 그 물을 끌어오거나 날라다주는 그 대가로 지불한다. 천연의 물은 아무 대가도 받지 않고 거저 베풀고 있을 뿐이다. 맑은 공기도 마찬가지다. 그 어떤 보상도 요구함이 없이 모든 살아 있는 것들에게 두루 나누어주고 있다. 이런 물과 공기가 없으면 우리는 한시도 살아갈 수 없다.

그런데 금세기에 이르러 인간들은 자신들의 분수를 잊어버리고 이런 천연의 은혜를 배반하게 되었다. 도시에서는 '숨이 막힌다'는 말이 이제는 비유가 아니라 실제적인 숨쉬기의 문제가 되었다. 오늘날 도시의 공기는 온갖 독성이 밴 시커먼 매연과 소음으로 이루어져 있다. 물도 생활오수와 산업폐기물이 스며들어 마실 수 없는 물이 되었다.

4, 50년 전까지만 해도 금수강산으로 불리던 이 땅의 물과 공기를 그 누가 이렇게 죽여 놓았는가. 그 범인은 정책을 입안해서 추진하고 산업을 일으킨 정부와 기업뿐 아니라 오늘 이 땅에서 살고 있는 우리들 한 사람 한 사람이다. '소비자'로 불리는 수많은 개인이 그 소비를 통해서 직접, 간접으로 물과 공기를 더럽히고 있다. 그러니 적게 쓰고 적게 버리는 일은 이 시대의 미덕이다.

　당신은 당신 자신을 어떻게 다루고 있는가. 많이 쓸수록 많이 버리게 된다. 많이 버리면 당신이 지닌 어질고 착한 덕성도 함께 버려진다는 사실을 알고 있는가.

　얼마 전에 낯 모르는 회원으로부터 편지를 한 통 받았는데, 아무리 참선을 하려고 애써도 참선이 잘 안 된다고 하면서 좋은 방법이 있으면 말해 달라고 했다. 선원에서 참선을 전업으로 하는 사람들도 그 참선이 한결같지 않은데, 바쁘고 시끄럽고 복잡하게 얽혀 사는 세상에서는 더욱 어려울 것이다.

　'참선參禪'이란 말 자체를 한번 살펴보자. 마음을 가다듬고 고요히 생각함靜慮, 깊이 생각하면서 닦음思惟修을 참선이라고 흔히 말한다.

　우리가 세상을 살아가면서 가장 중요한 것이 있다면 무엇보다도 마음의 고요와 평화일 것이다. 마음의 고요와 평화 없이는 가정의 화합도 이룰 수 없고, 정상적인 인간관계도 그 어떤 일도 제대로 이루어낼 수 없다.

　참선은, 혹은 명상은 마음의 고요와 평화에 이르는 지름길이다.

우리들이 어떤 간절한 소원 때문에 하는 기도라는 것도 그 마지막 단계에 이르면 곧 명상의 세계에 도달하지 않을 수 없다. 명상은 한마디로 말해서 지켜보는 일이다. 지켜보되 지켜보는 주체가 사라진 커다란 침묵이다.

따라서 이와 같은 명상은 어떤 지식의 열쇠로도 열리지 않는다. 오직 활짝 열린 가슴으로만 명상에 이를 수 있다. 구름 한 점 없이 맑게 갠 하늘처럼 가슴이 활짝 열려 있을 때 명상은 은연중에 찾아든다.

구체적인 방법을 들어보자. 명상은 홀로 하는 정진이다. 여럿이서 한 방에서 할지라도 '홀로 있음'이 전제되어야 한다.

될 수 있으면 눈과 귀에 방해물이 적은 고요하고 깨끗한 방에서, 가볍고 느슨한 옷으로, 방석을 깔고 허리를 곧추 세우고 앉는다. 아주 편안한 마음으로, 우선은 눈을 감고 입을 다물고 혀를 입천장에 대고 숨을 고르게 쉬면서 귀를 기울인다. 무슨 소리를 듣기 위해서가 아니라 고요를 지켜보라는 뜻이다.

마음이 차분히 가라앉게 되면 이때부터 당신의 생각을 지켜보아야 한다. 지켜보라는 것은 생각에 팔려다니지 말고 그 생각을 지켜보라는 말이다. 달리 표현하자면 마음에 따르지 말고 마음의 주인이 되라는 소리다.

이렇게 하는 말이 사실은 부질없는 소리다. 내가 시시콜콜하게 늘어놓는 이런 말에도 팔리지 말고, 마음의 고요와 평화를 누리도록 마음을 어디에도 붙들어 놓지 말고 그저 지켜보기만 하라.

때로는 명상 수련에 새로운 탄력을 주기 위해 다음 같은 방법도

시도해 볼 만하다. 내가 밤으로 가끔 하는 방법이기도 하다.

흰 사발에 촛불을 켜두고(불빛이 직접 눈에 들어오지 않도록) 앉아서 녹음기에서 아주 작게 흘러나오는 명상 음악에 귀를 기울이고 있으면 마음이 아주 그윽해진다. 이런 상태로 지속하다가 음악도 계속 들으면 그것도 소음으로 쳐지게 되니까 한동안 듣다가 꺼 버리고 앉아 있으면, 저 소리 없는 소리에 귀를 모을 수 있다.

명상은 홀로 누리는 신비로운 정신세계이다. '홀로'라는 말은 어디에도 매이거나 물들지 않고, 순진무구하고, 자유롭고, 부분이 아니라 전체이고, 그 무엇에도 흔들리지 않음을 뜻한다.

이런 명상은 늘 새롭다. 이런 명상 수련을 쌓아 나가면 본래 아무것도 없었음本來無一物을 온몸과 마음으로 느낄 수가 있다. 따라서 적게 가지고도 얼마든지 충만하게 살 수 있다. 1997

참된 여행은 방랑이다

여름에는 더위와 물것 때문에 멀리했던 등불이 가을밤에는 정다워진다. 맑은 바람 불어오고 청냉한 기운 감돌면 풀벌레 소리 곁들여 등불을 가까이하게 된다.

호수나 시냇물도 가을이 되면 드높게 개인 하늘을 닮아서인지 보다 맑고 투명해진다. 우리들의 심금心琴도 잘 조율된 현악기처럼 슬쩍 스치기만 해도 무슨 소리를 낼 것같이 팽팽하다. 가을은 이렇듯 투명한 계절이다.

선들선들 가을바람이 불어오면 문득 나그네길에 나서고 싶어진다. '바람'이 기압의 변화로 인해서 일어나는 대기의 흐름만을 가리키지 않고, 마음이 끌리어 들뜬 상태를 바람이라고도 표현한 우리말의 묘미는, 우리 한국인의 감성을 잘 드러낸 것이다.

저녁 나절 햇볕이 밝게 드는 창 아래서, 16세기말 시문詩文으로 널리 알려진 중국의 문사 도융屠隆의 여행기 〈명료자유冥寥子遊〉

를 읽었다. 도융은 운치있는 생활의 취미를 기술해 놓은 〈고반여
사考槃余事〉로도 우리에게 친숙한 풍류인이다.

〈명료자유〉는 여행의 멋과 참뜻이 어디에 있는지를 잘 가르쳐준
글이다. 여행이란 곧 방랑을 뜻한다. 방랑이 아닌 것은 진정한 여
행이 아니라고 그는 말한다.

여행의 본질은 그 어떤 의무도 없고 일정한 계획도 없고 편지도
없고 호기심 많은 이웃도 없다. 환영회도 없고 정해진 목적지도
없는 자유로운 나그네길이다.

훌륭한 나그네는 어디로 갈 것인지도 모르고 또 어디서 왔는지
도 모른다. 심지어 자신의 성이나 이름도 모른다는 것이다. 도를
구하는 사람은 정적 속에 살면서도 고독을 느끼는 일이 없고, 시
끄러운 장바닥에 있으면서도 소란스러움을 모른다. 그는 또 말하
기를 '나는 도를 깨달은 사람이 아니라 도를 사랑하는 사람이다'
라고 한다.

〈명료자유〉를 읽으면 오늘날 우리들이 하고 있는 여행에 대해서
크게 반성하지 않을 수 없다. 우리에게는 관광은 있어도 진정한
여행은 찾아보기 어려운 현실이다. 미리 짜여진 일정표에 의해서
관광 안내인의 지시에 따라 낯선 사람들끼리 떼지어 몰려다니면
서 사진 찍고 물건 사는 것을 여행으로 생각한다.

오늘날 우리들은 자동차와 속도에 길들여지고 시간에 쫓기면서
인간적인 '걸음步行'을 잃어 가고 있다. 걸음은 그 속에 건강과 사
색과 즐거움과 눈(안목)을 갖추고 있다. 항공기와 기차와 선박과
자동차를 타고 돌아다니는 오늘날의 여행은 자신의 발로 뚜벅뚜

벅 걸어다니던 예전의 도보여행과는 그 상황이 전혀 다르다.

세계 곳곳을 누비고 다니면서 수많은 것을 대하고서도 정작 여행의 알맹이인 자아 발견이나 자기 탐구는 없이, 자랑거리와 가벼워진 지갑과 청구서만 가지고 지쳐서 돌아온다.

여행은 떠날 때의 그 설레임부터 시작된다. 이것저것 준비를 하면서 들를 곳을 헤아린다. 대개의 경우 목적지만을 염두에 두고 그곳만을 향해 허겁지겁 일로매진하느라고 그곳에 이르는 과정을 소홀히 여기는 수가 많다. 그러나 좋은 여행은 목적지보다도 그 과정과 도중에서 보다 귀한 것을 얻게 된다는 사실을 명심해야 한다.

이것은 여행뿐 아니라 인간사도 마찬가지다. 무엇이 되느냐보다 어떻게 사느냐가 더 중요하다. 삶의 의미가 어디에 있는지 스스로 물으면서 탐구하는 그 과정에서 보다 값진 인생을 이룰 수 있다. 하루하루 살아가는 그 안에서 고마움과 기쁨을 찾아내어 누릴 줄을 알아야 한다.

여행은 집을 떠나 밖에 나가 있는 기간만으로 끝나는 것은 아니다. 집에 돌아와 밖에서 보고 듣고 느끼고 생각한 것들을 차분히 음미하면서 현재의 삶을 알차게 가꾸어 나감으로써 여행의 의미는 여물어 간다.

독서는 그 책을 쓴 저자에 의해서 우리 생각이 이끌려가기 쉽지만, 여행은 내 눈으로 직접 보고 스스로 느끼고 생각한 그 체험으로 자기 자신을 채워 간다. 그러므로 여행은 독서보다 몇 갑절 삶을 충만하게 가꾼다.

여행은, 즉 나그네길은 더 말할 것도 없이 혼자서 홀가분하게 나서는 것이 가장 현명하다. 단 하루가 됐든 이틀이 됐든 일상적인 관계의 끄나풀에서 벗어나 자신의 그림자만을 데리고 훨훨 가는 것이 가장 좋다. 그러나 형편이 그러지 못할 때는 동반자가 필요한데 그 동반자를 잘 택해야 한다.

여행은 어디를 가느냐보다도 누구와 함께 가느냐가 훨씬 중요하다. 누구나 겪어서 알고 있겠지만, 취향과 기질이 같지 않은 동반자와 길을 함께하게 되면, 모처럼 떠나온 나그네길인데도 날개를 펴보지 못한 채 무거운 갈등의 짐만 잔뜩 짊어지고 돌아오게 마련이다. 그래서 옛 성인도 말씀하셨듯이 '차라리 혼자서 갈 것이지 어리석은 자와 길벗이 되지 말라'고 가르친 것이다.

그러나 여행은 한때로 끝나지만 한 생애의 동반자인 그 '짝'을 잘못 만나면 평생을 두고 무거운 멍에를 져야 한다. 이와 같은 깨우침은 내 자신도 한때의 나그네길에서 터득한 교훈이다.

운수야인雲水野人으로 자처한 명료자는 행복을 얻는 비결은 즐거움을 끝까지 추구하지 않고 알맞게 그칠 줄 아는 데에 있다고 한다. 옳은 말이다. 알맞게 그칠 줄 안다면 우리들의 삶은 넘치지 않고 신선할 것이다. 그는 여행의 의미를 다음과 같이 표현하고 있다.

'표주박 하나에 옷 한 벌로 가고 싶은 곳은 아무 데나 가고 머물고 싶은 곳에서 머문다. 어느 곳에서 자더라도 주인의 일은 일체 묻지 않고, 그곳을 떠날 때에도 내 신분을 밝히지 않는다. 추위 속에 떠나도 외롭지 않고, 시끄러운 무리 속에 섞여도 그 때문에 내

마음은 물들지 않는다. 그러니 내 방랑의 뜻은 단순한 떠돌이가
아니라 도를 배우려고 하는 데 있다.' 1997

사람과 사람 사이

한 경제 연구소가 전국 3천 1백 8가구, 7천 4백 93명을 조사 대상으로 고정시켜, 지난 93년부터 매년 가구당 경제활동을 조사하여 최근 그 결과를 발표한 바 있다.

특히 도시 지역에서는 이웃과의 단절현상이 두드러져서 주민의 절반 정도가 하루에 한 번도 이웃과 접촉 없이 생활하고 있다고 한다. 이웃과 마주치더라도 인사는커녕 얼굴을 돌리며 외면하기 일쑤다. 이게 우리 시대의 차디차고 무표정한 세태이다.

바로 이웃에 살면서도 벽과 담으로 갈라 놓은 주거형태가 사람한테서 인사와 표정을 앗아간 것이다. 굳이 이런 조사 보고가 아니더라도, 오늘날 우리들은 도시나 농어촌을 가릴 것 없이 따뜻하고 정다운 인간적인 속성에서 점점 벗어나고 있는 현실이다. 날이 갈수록 사람과 사람 사이가 멀어져만 간다.

다른 한편, 자주 만나 이야기하면서도 그저 건성으로 스치고 지나가는 일은 없는가. 가족 사이가 됐건 혹은 친구 사이가 됐건 너무 자주 만나기 때문에 으레 당연하게 여기고 범속해지는 일은 없는가. 일이 있건 없건 걸핏하면 습관적으로 전화를 걸고, '띵동'하고 찾아가는 것도 우정의 밀도에 어떤 몫을 할 것인지 생각해 볼 일이다.

무료하고 심심하니까 그저 시간을 함께 보내기 위해서 친구를 찾는다면 그건 '우정'일 수 없다. 시간을 죽이기 위해 찾는 친구는 좋은 친구가 아니다. 시간을 살리기 위해 만나는 친구야말로 믿을 수 있는 좋은 친구 사이다.

친구 사이의 만남에는 서로 영혼의 메아리를 주고받을 수 있어야 한다. 너무 자주 만나게 되면 상호간에 그 무게를 축적할 시간적인 여유가 없다. 멀리 떨어져 있으면서도 마음의 그림자처럼 함께할 수 있는 그런 사이가 좋은 친구일 것이다. 만남에는 그리움이 따라야 한다. 그리움이 따르지 않는 만남은 이내 시들해지게 마련이다.

우리가 세상을 살아가면서 가장 기쁜 일이 있을 때, 혹은 가장 고통스러울 때, 그 기쁨과 고통을 함께 나눌 수 있는 그런 사이가 좋은 인간관계다.

진정한 친구란 두 개의 육체에 깃들인 하나의 영혼이란 말이 있다. 그런 친구 사이는 공간적으로 멀리 떨어져 있을지라도 결코 멀리 있는 것이 아니다. 바로 지척에 살면서도 일체감을 함께 누릴 수 없다면 그건 진정한 친구일 수 없다.

사랑이 맹목적일 때, 즉 사랑이 한 존재의 전체를 보지 못하는 동안에는 관계의 근원에 도달하지 못한 것이다. 열 길 물 속은 알아도 한 길 사람 속은 알 수 없다는 옛말은, 세월의 여과 과정을 거치면 관계의 실상이 이내 드러나게 된다는 소리다. 인간관계의 뿌리를 이루고 있는 예절과 신의는 어느 한때만 가지고는 헤아릴 수 없다. 시간이 지나가면 그 사람의 본바탕이 드러나게 마련이다.

아무리 그럴듯하게 생긴 상대일지라도 속에 든 것이 바닥나 버리거나 신의가 없으면 번데기처럼 시시한 대상이 되고 만다. 그러나 지극히 평범한 상대일지라도 어느날 문득 자신이 가장 소중하게 여기고 있는 일에 대해서 지대한 관심을 가지고 열정적으로 이야기를 나누게 되면 그가 새롭게 돋보인다.

진정한 만남은 상호간의 눈뜸開眼이다. 영혼의 진동이 없으면 그건 만남이 아니라 한때의 마주침이다. 그런 만남을 위해서는 자기 자신을 끝없이 가꾸고 다스려야 한다. 좋은 친구를 만나려면 먼저 나 자신이 좋은 친구감이 되어야 한다. 왜냐하면 친구란 내 부름에 대한 응답이기 때문이다. 끼리끼리 어울린다는 말도 여기에 근거를 두고 있다.

이런 시구가 있다.

사람이 하늘처럼 맑아 보일 때가 있다.
그때 나는 그 사람에게서
하늘 냄새를 맡는다…….

사람한테서 하늘 냄새를 맡아본 적이 있는가. 스스로 하늘 냄새를 지닌 사람만이 그런 냄새를 맡을 수 있을 것이다.

인간관계에서 권태는, 시간적으로나 공간적으로 늘 함께 있으면서 부딪친다고 해서 생기는 것만은 아니다. 창조적인 노력을 기울여 변화를 가져오지 않고, 그저 맨날 비슷비슷하게 되풀이되는 습관적인 일상의 반복에서 삶에 녹이 스는 것이다. 아름다움을 드러내기 위해 가꾸고 다듬는 일도 무시될 수 없지만, 자신의 삶에 녹이 슬지 않도록 늘 깨어 있으면서 안으로 헤아리고 높이는 일에 보다 근본적인 노력이 뒤따라야 한다.

생각과 영혼에 공감대가 없으면 인간관계가 투명하고 살뜰해질 수 없다. 따라서 공통적인 지적 관심사가 전제되어야 한다. 모처럼 친구끼리 만나서 이야기를 나누면서도 공통적인 지적 관심사가 없기 때문에 만남 자체가 빛을 잃는 일이 얼마나 많은가. 끊임없이 탐구하는 사람만이 지적 관심사를 지닐 수 있다.

사람은 저마다 따로따로 자기 세계를 가꾸면서도 공유共有하는 만남이 있어야 한다. 칼릴 지브란의 표현을 빌리자면 '한 가락에 떨면서도 따로따로 떨어져 있는 거문고 줄처럼' 그런 거리를 유지해야 한다. 거문고 줄은 서로 떨어져 있기 때문에 울리는 것이지, 함께 붙어 있으면 소리를 낼 수 없다. 공유하는 영역이 넓지 않을수록 깊고 진하고 두터워진다. 공유하는 영역이 너무 넓으면 다시 범속에 떨어진다.

행복은 더 말할 것도 없이 절제에 뿌리를 두고 있다. 생각이나 행동에 있어서 지나친 것은 행복을 침식한다. 사람끼리 만나는 일에도 이런 절제가 있어야 한다.

행복이란 말 자체가 사랑이란 표현처럼 범속으로 전락된 세태이지만, 그렇다 하더라도 행복이란, 가슴속에 사랑을 채움으로써 오는 것이고, 신뢰와 희망으로부터 오고, 따뜻한 마음을 나누는 데서 움이 튼다.

그러니 따뜻한 마음이 고였을 때, 그리움이 가득 넘치려고 할 때, 영혼의 향기가 배어 있을 때 친구도 만나야 한다. 습관적으로 만나면 우정도 행복도 쌓이지 않는다.

혹시 이런 경험은 없는가.

텃밭에서 이슬이 내려앉은 애호박을 보았을 때, 친구한테 따서 보내주고 싶은 그런 생각 말이다. 혹은 들길이나 산길을 거닐다가 청초하게 피어 있는 들꽃과 마주쳤을 때, 그 아름다움의 설레임을 친구에게 전해주고 싶은 그런 경험은 없는가.

이런 마음을 지닌 사람은 멀리 떨어져 있어도 영혼의 그림자처럼 함께할 수 있어 좋은 친구일 것이다. 좋은 친구는 인생에서 가장 큰 보배이다. 친구를 통해서 삶의 바탕을 가꾸라. 1996

마른 나뭇단처럼 가벼웠던 몸

우리 같은 출가 수행자는 세상의 눈으로 보면 모두가 불효자다. 낳아 길러준 은혜를 등지고 뛰쳐나와 출세간出世間의 길을 가고 있기 때문이다.

그해 겨울 싸락눈이 내리던 어느날, 나는 집을 나와 북쪽으로 길을 떠났다. 골목길을 빠져나오기 전에 마지막으로 뒤돌아본 집에는 어머니가 홀로 계셨다. 중이 되러 절로 간다는 말은 차마 할 수 없어 시골에 있는 친구집에 다녀온다고 했다.

나는 할머니의 지극한 사랑을 받으면서 자랐다. 어머니의 품속에서보다도 비쩍 마른 할머니의 품속에서 혈연의 정을 익혔을 것 같다. 그렇기 때문에 내 입산 출가의 소식을 전해 듣고 어머니보다 할머니가 더욱 가슴 아파했을 것이다.

내가 해인사에서 지낼 때 할머니가 돌아가셨다는 소식을 뒤늦게 친구로부터 전해 들었다. 할머니는 돌아가시기 전에 외동손자인 나를 한 번 보고 눈을 감으면 원이 없겠다고 하시더란다. 불전에 향을 살라 명복을 빌면서 나는 중이 된 후 처음으로 눈물을 흘렸다.

내가 어린 시절을 구김살 없이 자랄 수 있었던 것은 할머니의 지극한 사랑 덕이다. 내게 문학적인 소양이 있다면 할머니의 팔베개 위에서 소금장수를 비롯한 옛날 이야기를 많이 들으면서 자란 덕일 것이다. 맨날 똑같은 이야기지만 실컷 듣고 나서도 하나 더 해달라고 조르면 밑천이 다됐음인지, 긴 이야기 해주랴 짧은 이야기 해주랴고 물었다. '긴 이야기'라고 하면 '긴 긴 간짓대'로 끝을 냈다. 간짓대란 바지랑대의 호남 사투리다. '그러면 짧은 이야기' 하고 더 졸라대면 '짧은 짧은 담뱃대'로 막을 내렸다.

외동아들인 나는 할머니를 너무 좋아해 어린 시절 할머니가 가시는 곳이면 어디든지 강아지처럼 졸졸 따라나섰다. 그리고 할머니를 위해서라면 무슨 일이든지 선뜻 나서서 기꺼이 해드렸다. 일제 말엽 담배가 아주 귀할 때 초등학생인 나는 혼자서 10리도 넘는 시골길을 걸어가 담배를 구해다 드린 일도 있다.

내가 여덟 살에 초등학교에 입학할 때 할머니를 따라 옷가게에 옷을 사러 갔는데, 그 가게에서는 덤으로 경품을 뽑도록 했다. 내 생애에서 처음으로 뽑은 경품은 원고지 한 묶음이었다. 운이 좋으면 사발 시계도 탈 수 있었는데 한 묶음의 종이를 들고 아쉬워했었다. 지금 돌이켜보면 원고지 칸을 메꾸는 일에 일찍이 인연이 있었던 모양이다.

할머니의 성은 김해 김씨이고 이름은 금옥. 고향은 부산 초량.

그래서 그런지 부산에 처음 가서 초량을 지나갈 때 그곳이 아주 정답게 여겨졌다.

지금 내 기억의 창고에 들어 있는 어머니에 대한 소재는 할머니에 비하면 너무 빈약하다. 어머니에 대해서는 나를 낳아 길러주신 우리 어머니보다 내가 그리는 어머니의 상, 즉 모성이 수호천사처럼 늘 나를 받쳐주고 있다.

한 사람의 어진 어머니는 백 사람의 교사에 견줄 만하다는데 지당한 말씀이다. 한 인간이 형성되기까지는 그 그늘에 어머니의 사랑과 희생이 따라야 한다.

레오 버스카글리아는 자기 어머니에 대해서 이런 말을 한다. 그의 아버지가 사업에 실패하여 이제는 어쩔 도리 없이 식구들은 거지가 될 형편이었다. 그런데 그날 저녁 잔칫날처럼 푸짐하게 차려 놓은 식탁을 보고 식구들은 깜짝 놀란다. 아버지는 어머니에게 "도대체 이게 무슨 짓이오, 당신 정신 나갔소?" 하고 화를 낸다.

그때 어머니는 "우리에게 즐거움이 필요한 때는 내일이 아니라 바로 지금이에요. 지금이야말로 우리에게 행복이 필요한 때예요. 잠자코 잡숫기나 하세요"라고 말한다.

고등교육을 받은 일이 없지만 참으로 슬기롭고 어진 어머니다. 오늘날 우리 사회가 경제적인 어려움으로 나라 안이 온통 초상집 같은데, 이와 같은 어머니들의 지혜와 마음씀이 크게 작용한다면 이 위기를 능히 이겨낼 수 있을 것이다.

어머니의 만류를 뿌리치고 미국에서 파리로 건너간 아들은 빈

털터리가 되어 몇 끼를 굶은 끝에 하는 수 없이 어머니에게 급한 전보를 친다.

〈굶어 죽어가요, 아들.〉

어머니로부터 즉시 회신이 도착한다.

〈굶어라, 엄마.〉

이 회신을 받아본 순간 아들은 정신이 번쩍 든다. 지금까지 어려운 일에 부딪힐 때마다 어머니에게 의존해 오던 나약한 그 끄나풀이 한순간에 끊어진 것이다. 그는 마침내 혼자서 일어서지 않으면 안 되었다.

뒷날 어머니는 그때 일을 두고 아들에게 이런 말을 들려준다.

"굶어 죽어간다는 네 전보를 받고 정말 견디기 어려웠단다. 하지만 그때 그렇게 하지 않으면 네가 네 자신으로서 성장하지 못할 것 같았다."

나는 절에 들어와 살면서 두 번 어머니를 뵈러 갔었다. 내가 집을 떠나 산으로 들어온 후 어머니는 사촌동생이 모셨다. 무슨 인연인지 이 동생은 어려서부터 자기 어머니보다 우리 어머니를 더 따랐다.

모교인 대학에 강연이 있어 내려간 김에 어머니를 찾았다. 대학에 재직중인 내 친구의 부인이 새로 이사 간 집으로 나를 데리고 갔었다. 불쑥 나타난 아들을 보고 어머니는 무척 반가워하셨다. 점심을 먹고 떠나오는데 골목 밖까지 따라나오면서 내 손에 꼬깃꼬깃 접은 돈을 쥐어주었다. 제멋대로 자란 아들이지만 용돈을 주고 싶은 모정에서였으리라. 나는 그 돈을 함부로 쓸 수가 없어 오랫동안 간직하다가 절의 불사에 어머니의 이름으로 시주를 했다.

두번째는 어머니가 많이 편찮으시다는 소식을 듣고 서울로 가는 길에 대전에 들러 만나뵈었다. 동생이 직장을 대전으로 옮겼기 때문이다. 그때는 어머니도 많이 쇠약해 있었다. 나를 보시더니 전에 없이 눈물을 지으셨다. 이때가 이승에서 모자간의 마지막 상봉이었다.

어머니가 아무 예고도 없이 내 거처로 불쑥 찾아오신 것은 단 한 번뿐이었다. 광주에서 사실 때인데 고모네 딸을 앞세우고 직접 불일암까지 올라오신 것이다. 내 손으로 밥을 짓고 국을 끓여 점심상을 차려드렸다. 어머니는 혼자 사는 아들의 음식 솜씨를 대견스럽게 여기셨다.

그리고 그날로 산을 내려가셨는데, 마침 비가 내린 뒤라 개울물이 불어 노인이 징검다리를 건너기가 위태로웠다. 나는 바짓가랑이를 걷어올리고 어머니를 등에 업고 개울을 건넜다. 등에 업힌 어머니가 바짝 마른 솔잎단처럼 너무나 가벼워 마음이 몹시 아팠었다. 그 가벼움이, 어머니의 실체를 두고두고 생각케 했다.

어느 해 겨울 어머니가 돌아가셨다는 소식을 듣는 순간 아, 이제는 내 생명의 뿌리가 꺾였구나 하는 생각이 문득 들었다. 지금이라면 지체없이 달려갔겠지만, 그 시절은 혼자서도 결제結制(승가의 안거 제도)를 철저히 지키던 때라, 서울에 있는 아는 스님에게 부탁하여 나 대신 장례에 참석하도록 했다. 49재는 결제가 끝난 후라 참석할 수 있었다. 영단에 올려진 사진을 보니 눈물이 주체할 수 없이 흘러내렸다.

나는 친어머니에게는 자식으로서 효행을 못했기 때문에 어머니들이 모이는 집회가 있을 때면 어머니를 대하는 심정으로 그 모임에 나간다. 길상회에 나로서는 파격적일 만큼 4년 남짓 꾸준히 나간 것도 어머니에 대한 불효를 보상하기 위해서인지 모르겠다.

나는 이 나이 이 처지인데도 인자하고 슬기로운 모성 앞에서는 반쯤 기대고 싶은 그런 생각이 들 때가 있다. 어머니는 우리 생명의 언덕이고 뿌리이기 때문에 기대고 싶은 것인가. 1998

3
안으로 귀 기울이기

두 자루 촛불 아래서

며칠 전부터 연일 눈이 내린다. 장마철에 날마다 비가 내리듯 그렇게 눈이 내린다. 한밤중 천지는 숨을 죽인 듯 고요한데 창밖에서는 사분사분 눈 내리는 소리가 들린다. 이따금 앞산에서 우지직 나뭇가지 꺾이는 소리가 잠시 메아리를 이룬다. 소복소복 내려 쌓인 눈의 무게를 이기지 못해 생나무 가지가 찢겨 나가는 것이다.

어제 밖에 나갈 예정이었지만 길이 막혀 나가지 못했다. 고속도로와 국도는 제설작업으로 어지간하면 길이 뚫리는데 지방도로와 산골짜기는 눈이 녹아야 길이 열린다. 지금까지 내려 쌓인 눈도 무릎께를 넘는데 며칠 더 내리면 허벅다리까지 빠질 것이다.

한겨울 깊은 산중에서는 행동반경이 줄어들 수밖에 없다. 아침에 일어나면 먼저 마루방에 있는 난로에 불을 지핀다. 전날 해질 녘에 불쏘시개와 장작을 미리 들이고 물통에 가득가득 물도 길어다 놓아야 한다. 난롯불이 활활 타올라 집 안이 더워지면 이때부터 내 하루 일과는 시작된다.

예불하고 좌선. 날이 새면 털모자와 목도리, 장갑, 눈에 신는 장화를 신고 생활공간에 필요한 최소한의 길을 가래로 친다. 먼저 개울가에 이르는 길을 치고 밤새 얼어붙은 얼음장을 깬다. 시냇물 소리가 다시 살아난다. 다음은 정랑(뒷간)으로 가는 길을 치고 디딤돌이 얼어붙지 않도록 싸리비로 쓸어낸다. 사람은 먹는 것만큼 또한 내보내야 하기 때문이다.

그 다음은 집 뒤에 있는 나뭇간으로 가는 통로를 쳐야 한다. 짧은 거리지만 지붕에서 녹아내린 눈이 쌓여 얼어붙으면 드나드는 데 장애가 된다. 마지막으로 뒤꼍에 있는 헌식대(큰 바위 아래 있는 반석)로 가는 길을 낸다. 산중에 사는 짐승들에게 먹이를 주는 곳이다. 요즘처럼 눈이 많이 내려 쌓이면 먹이를 찾기가 어렵다. 눈 위에 난 발자국으로 보아 토끼와 노루가 다녀가는 것 같다. 물을 먹으러 개울가에 온 노루와 마주칠 때 우리는 서로 놀란다.

눈 치는 일을 마치고 집 안으로 들어오면 난로 위 돌솥에서 물이 끓는다. 겉옷을 벗어 말리고 난롯가에 앉아 공복에 차를 마신다. 뭐니뭐니 해도 공복에 마시는 차가 가장 향기롭다.

한겨울 내 오두막에서는 낮 동안은 주로 난로가 있는 마루방에서 지내게 된다. 지난 가을 다람쥐들이 부지런히 월동 준비를 할 무렵, 나도 게으르지 않게 겨울철에 땔 장작을 마련하느라고 땀깨나 흘렸었다. 유비무환, 미리 준비해 두면 근심할 일이 없다.

이 난롯가에서 몇 권의 책을 읽었는데, 그 중에서 헬렌 니어링이 쓴 〈아름다운 삶, 사랑 그리고 마무리〉를 감명 깊게 읽었다. 헬렌은 스코트 니어링을 만나 55년의 세월을 함께 지내면서 덜 갖고도 더 많이 존재하는 아름다운 삶을 살았다. 그들 두 사람 다 지금은 이 세상 사람이 아니지만 그 자취는, 남아 있는 우리에게 빛을 전하고 있다.

백 살을 살면서 세상을 좋게 만들고 지극히 자연스런 죽음을 품위있게 맞이한 스코트 니어링, 그리고 그를 만나 새롭게 꽃 피어난 헬렌은 그들의 건강과 장수를 위한 생활태도를 이렇게 말한다.

적극성, 밝은 쪽으로 생각하기, 깨끗한 양심, 바깥 일과 깊은 호흡, 금연, 커피와 술과 마약을 멀리함, 간소한 식사, 채식주의, 설탕과 소금을 멀리함, 저칼로리와 저지방, 되도록 가공하지 않은 음식물. 이것들은 삶에 활력을 주고 수명을 연장시킬 것이라고 하면서, 약과 의사와 병원을 멀리하라고 충고한다.

흙을 가까이하면서 지극히 자연스럽게 살아간 그들이 장수와 건강의 비결로써 약과 의사와 병원을 멀리하라고 한 말에는 큰 의미가 담겨 있다. 약에는 부작용이 따르고, 의사 자신도 병자일 수 있다. 그리고 병원이 병을 낫게도 하지만, 없던 병을 만들기도 하기 때문이다.

두 사람은 일상생활에서 스트레스를 줄이는 묘법으로 다음과 같은 것을 제시한다.

'어떤 일이 일어나도 당신이 할 수 있는 한 최선을 다하라.

마음의 평정을 잃지 말라.

당신이 좋아하는 일을 찾으라.

집, 식사, 옷차림을 간소하게 하고 번잡스러움을 피하라.

날마다 자연과 만나고 발 밑에 땅을 느끼라.

농장일이나 산책, 힘든 일을 하면서 몸을 움직이라.

근심걱정을 떨치고 그날 그날을 살라.

날마다 다른 사람과 무엇인가 나누라. 혼자인 경우는 누군가에게 편지를 쓰고 무엇인가 주고, 어떤 식으로든 누군가를 도와라.

삶과 세계에 대해 생각해 보는 시간을 가지라. 할 수 있는 한 생활에서 유머를 찾으라.

모든 것 속에 들어 있는 하나의 생명을 관찰하라.

그리고 우주의 삼라만상에 애정을 가지라.'

이 책에서 가장 감명 깊은 대목은 스코트가 '주위 여러분에게 드리는 말씀'으로 기록한 그의 유서다. 그의 소원대로 사후를 마무리한 헬렌 또한 지혜롭고 존경스런 여성이다. 스코트가 죽음을 맞이하는 태도는 어떤 선사의 죽음보다도 깨끗하고 담백하고 산뜻하다. 죽음이란 종말이 아니라 다른 세상으로 옮겨감인데, 그런 죽음을 두고 요란스럽게 떠드는 요즘의 세태와는 대조적이다.

스코트는 70대에 노령이 아니었고, 80대는 노쇠하지 않았으며, 90대는 망령이 들지 않았다. 이웃 사람들의 말처럼 스코트 니어링이 백 년 동안 살아서 세상은 더 좋은 곳이 되었다. 그의 삶을 우리가 배울 수 있기 때문이다.

두 자루 촛불 아래서 이 글을 마친다. 1998

안으로 귀 기울이기

옛글인 〈허당록盧堂錄〉에 이런 표현이 있다.

시냇물 소리는 한밤중이요,
산빛은 해질녘이라
泉聲中夜後 山色夕陽時

시냇물 소리는 한밤중의 것이 그윽해서 들을 만하고, 산빛은 해
질녘이 되어야 볼 만하다는 뜻이다.

낮 동안은 이일 저일에 파묻히느라고 건성으로 지내다가, 둘레
가 고요한 한밤중이 되면 산중에서 들리는 거라고는 오로지 시냇
물 소리뿐이다. 잔잔히 흐르는 시냇물 소리에 귀를 기울이면 번뇌
와 망상도 시냇물을 따라 어디론지 흘러가고, 지극히 편하고 그윽
한 마음이 꽃향기처럼 배어 나온다.

해질녘 가라앉은 빛에 비낀 산색에는 생동감이 있다. 그 굴곡과 능선이며 겹겹이 싸인 산자락까지 낱낱이 드러나 꿈틀거리며 살아 있는 산은 바라볼 만하다. 마음을 열고 무심히 석양의 산색에 눈길을 보내고 있으면, 우리가 무엇을 위해 그토록 바쁘게 살아야 하는지 되돌아보게 된다.

정신없이 바쁘게 쫓기면서 살아야 하는 일상 속에서, 때로는 큰 마음먹고 여가를 내어 자연의 빛과 소리에 접할 수 있다면, 그 빛과 소리 안에서 많은 위로와 깨우침을 받을 수 있을 것이다.

명상은 열린 마음으로 귀 기울이고 바라봄이다. 이 생각 저 생각으로 뒤끓는 번뇌를 내려놓고, 빛과 소리에 무심히 마음을 열고 있으면 잔잔한 평안과 기쁨이 그 안에 깃들게 된다. 제대로 명상의 세계에 들어가려면 무엇보다도 긴장감을 풀어야 한다. 전통적인 선원禪院에서는 흔히 그 긴장감 때문에 선정삼매에 들지 못하는 경우가 허다하다.

더욱이 '깨달음'에 대한 강박관념으로 인해 깨달음과는 점점 멀어진다. 마치 물 속에 있으면서 목말라하는 격이다. 깨달음은 어디서 오는가. 그것은 밖에서 오는 것이 아니라 안에서 꽃 피어남이다. 지적 호기심의 차원에서 벗어나 영적 탐구의 차원으로 심화됨이 없다면 깨달음은 결코 꽃 피어나지 않는다.

몸소 종교적인 삶을 살지는 않으면서 그것에 대해서 말로만 늘어놓으면 자신이나 타인에게 득이 될 것은 아무것도 없다. 사실 말이란(글도 마찬가지) 시끄러운 것이고 공허한 것이다. 우리들이 주고받는 말의 실체를 들여다보면, 여기저기서 얻어듣거나 주워모은 관념의 찌꺼기들이다. 그러나 진정한 앎은 말 이전의 침묵에서 그 움이 튼다.

종교적인 삶을 이루고자 하는 사람들은 무엇보다도 먼저 말을 절제해야 한다. 말하고자 하는 욕망을 억제해야 한다. 말이 많은 사람들은 안으로 생각하는 기능이 약하다는 것이 그 반증이다. 말이 많은 사람에게 신뢰감이 가지 않는 것은 그의 내면이 허술하기 때문이고 또한 행동보다 말을 앞세우기 때문이다.

우리는 말하기 전에 주의깊게 생각하는 습관부터 길러야 한다. 말하는 것보다는 귀 기울여 듣는 데 익숙해야 한다. 말의 충동에 놀아나지 않고 안으로 곰곰이 돌이켜 생각하면, 그 안에 지혜와 평안이 있음을 그때마다 알아차리게 될 것이다.

말을 아끼려면 될 수 있는 한 타인의 일에 참견하지 말아야 한다. 어떤 일을 두고 아무 생각 없이 무책임하게 제삼자에 대해서 험담을 늘어놓는 것은 나쁜 버릇이고 악덕이다.

거듭 말하는 바이지만, 당신과 나 인간 개개인이 변화하지 않고는 세상은 결코 변화될 수 없다. 현재의 이 사회와 세상은 그 누구도 아닌 우리 스스로가 만들어 온 것이다. 그러나 이제는 이 사회가 우리를 만들고 있다. 그것은 우리를 어떤 틀 속에 밀어넣고, 또 그 틀은 사회라는 구조 속으로 우리를 밀어붙인다.

말짱하던 우리 생활 환경을 오늘처럼 허물고 더럽히고 어질러 놓은 것은 우리들 자신이다. 그래서 그 재앙을 오늘 우리가 받고 있다.

우리가 이런 세상을 만들어 왔기 때문에 이 세상에 대한 책임도 우리가 져야 한다. 바로 그 책임이 우리 인간에게 변화를 일으킬 것을 지금 요구하고 있다.

사회가 변화되려면 말이나 이론으로는 불가능하다. 무엇보다도 인간 개개인의 의식이 바뀌어야 하고 잘못된 생활습관이 고쳐져야 한다. 환경 문제도 그렇고 과소비 문제며 이른바 벼랑 끝에 선 경제적인 위기의 극복도 개개인의 의지와 생활습관에 달려 있다.

현재의 자신을 안으로 살피는 일이 우리에게 주어진 절실한 과제다. 그리고 삶의 가치를 어디에 두는 것이 인간다운 삶인지를 스스로 물어야 한다. 해답은 바로 그 자기 성찰과 물음 속에 들어 있다.

이 '물음'이 각자 안으로 살피는 명상의 과제가 될 수 있다면 우리는 오늘과 같은 혼돈의 수렁에서 다시 일어설 수 있을 것이다.

내적인 힘에 의해서만 외적인 현상을 극복할 수 있다. 내적인 힘은 외적인 것보다 훨씬 강하기 때문이다. 2, 30년 전의 우리들 살림살이를 한번 되돌아보라. 그때는 물질적으로는 궁핍했지만 그래도 인간다운 삶의 의지와 자세는 지니고 있었다. 연탄 몇 장을 가지고도 우리는 고마워하고 행복할 수 있었다. 그리고 우리에게는 정다운 이웃이 있었고 미래에 대한 꿈과 희망이 있었다. 그 시절에도 공직자의 비리와 부정이 없었던 것은 아니지만 그래도 최소한의 인간적인 자질과 체면은 잃지 않았었다.

그러나 오늘 우리들은 그 무엇을 가지고도 고마워하거나 만족할 줄을 모른다. 이웃도 없고 미래에 대한 꿈과 희망도 없다. 인간적인 자질과 체면을 찾아보기 어렵다. 미래의 우리 얼굴인 자라나는 아이들까지도 인간의 미덕과는 거리가 먼 자기 자신밖에 모르는 이기적인 생물로 빚나가고 있다.

이런 상황에서 우리는 다시 물어야 한다. 인간이란 도대체 어떤 존재인가? 우리는 무엇을 위해 어떻게 살아야 할 것인가?

인생은 그렇게 단순하지 않다는 것을 우리는 알고 있다. 단순하게 살고 싶은데 인생 그 자체가 너무도 복잡하고 미묘한 것이기 때문에 우리는 늘 흔들리고 있다.

하지만 그럴수록 단순하게 살아야 한다. 복잡하거나 모순되게 살지 말고 안으로 자기 자신을 들여다보면서 단순하게 살아야 한다. 단순한 삶이 본질적인 삶이다.

저마다 자기 자신을 구제함으로써 우리 사회가 구제받을 수 있지, 밖에서 어떤 손길이 뻗쳐서 우리를 구제해 주는 것은 아니다. 마른 가지에서 향기로운 꽃이 피어나는 것은 생명의 신비요, 아름다움이다. 생명의 그 신비와 아름다움은 우리들 안에도 깃들여 있다.

밖에서 찾으려고 하지 말라. 만물이 살아서 움트는 이 봄철에 각자 자기 내면의 소리에 귀를 기울여보았으면 한다. 그 귀 기울임에서 새로운 삶을 열었으면 좋겠다.   1997

비닐 봉지 속의 꽃

11월 한 달을 히말라야에 가서 지내다 왔다. 해발 2천에서 2천 5
백 고지에 있는 가난한 산동네이다. 8년 만에 다시 찾아간 네팔과
인도인데, 그때나 지금이나 전혀 달라지지 않았다. 달라지지 않은
그들의 생활이 도리어 믿음직했다. 하루가 다르게 변모되어 가는
세상에서 옛모습 그대로를 간직하고 살아가는 그들의 삶은 오늘
의 우리를 되돌아보게 했다.

우리들이 지금 누리고 있는 생활수준으로 비교한다면, 그들은
너무도 열악한 환경에서 살아가고 있다. 근로자의 하루 노임이 우
리 돈으로 남자는 2천 원도 안 된다. 여자는 그 절반이다. 그쪽에
서 중산층 4인 가족의 한 달 생활비는 집세까지 포함해서 13∼4만
원 수준이다. 이런 생활조건 아래서 살아가면서도 그들의 눈동자
는 우리보다 훨씬 맑고 선량하고 안정되어 있다. 마음의 창인 그
눈동자가 말이다. 주어진 가난을 조금도 부끄러워하지 않고 곁에

서 보기에도 낙천적으로 살아가는 것 같았다.

대량생산 대량소비의 미국식 산업구조에서 비롯된 소비주의적 생활방식에 잘못 길들여진 우리이다. 소비생활로 인해 쓰레기만을 한없이 만들어내면서 살아가는 현실이다. 소비하는 것만큼 우리는 과연 행복한가? 마음은 안정을 잃고 자연환경은 날로 허물어져 가고 있다. 인간이 모여 사는 도시는 매연으로 숨이 막히고 소음으로 귀가 멀 지경이다. 인간의 설 자리가 날이 갈수록 좁아져 간다.

인간의 이상은 더 말할 것도 없이 안팎으로 행복하게 사는 데 있다. 어떻게 사는 것이 행복한 삶인지 그 가치 척도에 따라 그 형태는 달라진다. 적게 가지고도 즐겁게 살기도 하고, 많이 가지고 있으면서도 행복하지 못하게 사는 사람들이 우리 이웃에는 얼마든지 있다. 아니 이웃으로 눈을 돌릴 게 아니라 바로 지금 내 자신의 삶은 어떤지 되돌아볼 일이다.

인간의 행복은 물질적인 생산과 소비의 많고 적음에 있지 않다는 사실만은 확실하다. 사람과 사람 사이, 인간과 자연 사이의 친숙하고 조화로운 관계에 의해서 행복은 보증된다.

우리는 온갖 수모와 국제적인 망신을 당해 가면서 남의 나라에서 빚을 얻어와야만 거덜난 나라 살림살이를 꾸려갈 지경에 이르렀다. 빚을 새로 얻어와야만 묵은 빚을 갚게 된 그런 형편이다.

자, 이렇게 됐으니 우리들 한 사람 한 사람의 생활에도 적지 않은 영향을 받지 않을 수 없다. 우리 앞에 닥친 이 시련은 우리에게 큰 의미가 있을 거라고 여겨진다. 지금까지 우리가 함부로 쓰고 마구 버리면서 잘못 살아온 생활태도에 대한 과보임을 깨우쳐준다. 물질적인 풍요에 삶의 가치를 두지 말라는 교훈이기도 하다.

이제는 지금까지 익혀 왔던 생활방식이 달라져야 한다. 우리가 일찍이 겪어왔던 60년대와 70년대의, 헌옷도 기워서 입고, 찬밥도 비벼서 먹고, 연탄불 하나도 소중하게 다루던 그때의 생활태도를 다시 배우고 익혀야 한다. 저마다 투철한 삶의 질서를 가지고 작은 것과 적은 것으로 고마워하고 만족할 줄 알아야 한다.

될 수 있으면 밖에서 들여온 물건을 사다 쓰지 말고, 기왕에 있는 것 속에서 가려서 써야 할 처지이다. 백화점이나 시장에 나가는 횟수도 줄여야 한다. 우리가 '국제 통화 기금'의 올가미에서 하루 빨리 벗어나려면 이 길밖에 다른 길이 없다.

옛글에 이런 말이 있다.

'사치한 자는 3년 동안 쓸 것을 1년에 다 써버리고, 검소한 자는 1년 동안 쓸 것을 3년을 두고 쓴다. 사치한 자는 부유해도 만족을 모르고, 검소한 자는 가난해도 여유가 있다. 사치한 자는 그 마음이 옹색하고, 검소한 자는 그 마음이 넉넉하다. 사치한 자는 근심 걱정이 많고, 검소한 자는 복이 많다.'

한마디로 말한다면, 사치는 악덕이고 검소함은 미덕이다. 우리는 그동안 잘못 익혀온 악덕에서 벗어나, 인간의 미덕을 하루하루 다시 쌓아 나가야 한다.

어떠한 시련과 고통일지라도 그것에 의미를 부여한다면, 그 시련과 고통을 능히 이겨낼 수 있는 지혜와 용기가 솟아난다. 그러나 그 시련과 고통 앞에 좌절하고 만다면 내일이 없다.

우리가 살아가는 이 세상이 아무 걱정근심도 없는 태평성세만 지속된다면 어떻게 될 것인가. 물론 현실적으로 그렇게 될 수도 없지만, 그런 세상에서는 아무런 살맛이 나지 않을 것이다. 인간은 그런 세월 속에서는 지금보다 훨씬 더 무기력해지고 타락하게 될 것이다.

고통과 위기를 통해서 우리 내부에 잠재된 창의력과 의지력이 계발되어 개인이나 사회는 새롭게 성장하고 발전하게 된다. 이것이 우리 인류가 지나온 자취이다.

히말라야의 가난한 산동네 사람들은 집집마다 비닐 봉지 속에 꽃을 가꾸며 살아간다. 그 모습을 보고 나는 큰 감명을 받았다. 화분을 살 만한 돈이 없기 때문에 비닐 봉지에 흙을 담아 꽃을 기르는 것이다. 물질적으로는 가난할지라도 아름다움을 가꾸면서 살아가는 그들의 모습이, 내 마음속에까지 향기로운 꽃씨를 뿌려주었다.

경제난국에 기죽지 않고 새로운 생활습관으로 삶의 방식을 개선해 나간다면, 우리 안에서도 미덕美德의 꽃이 피어나 기필코 이 난국을 돌파하게 될 것이다.   1997

수선 다섯 뿌리

눈 속에 묻혀서 지내다가 엊그제 불일암을 다녀왔다. 남쪽에 갔더니 어느새 매화가 피어나고 있었다. 남지춘신南枝春信이라는 말이 있는데, 매화는 봄에 햇볕을 많이 받는 남쪽 가지에서부터 꽃을 피운다고 해서 이런 말이 생긴 것 같다. 남쪽 가지에 봄소식이 깃들여 있다니 그럴듯한 표현이다.

기왕에 심어 놓은 매화인데 생육 상태가 안 좋아 재작년 가을에 자리를 옮기고 거름을 듬뿍 묻어주었더니 활기를 되찾아 올해에는 꽃망울이 많이 맺혀 있었다.

나무뿐 아니라 사람도 있을 자리에 있지 않으면 자신이 지닌 기량을 제대로 발휘할 수 없어 꽃을 피워보지도 못한 채 시들고 만다.

이번에 불일암 내려가면서 수선 다섯 뿌리를 가지고 가 돌담 아래 심어주었다. 이 일을 마치고 나니 숙제를 하고 난 후처럼 마음이 아주 홀가분했다. 이 수선에는 사연이 있다.

재작년 가을 한라산에 억새꽃을 보러 갔을 때, 남제주 대정읍에 있는 추사 유배지에 들른 일이 있었다. 현지에서 들은 이야기인데, 〈세한도歲寒圖〉의 실경이 대정 향교에 있다는 말을 듣고 물어물어서 일부러 찾아갔었다.

향교는 수리중이고 그 곁에 수백 년 묵은 노송이 한 그루 서 있는데 곁에 있던 한 그루는 오래 전에 죽어 베어낸 그루터기만 남아 있었다. 그날은 흐리고 바람이 불어 세한도의 분위기처럼 삭막하고 쌀쌀한 늦가을 날씨였다. 돌담 아래 여기저기 수선의 구근이 드러나 있는 걸 보고 몇 뿌리 주워 왔다.

남제주 쪽에는 한겨울 길가에서 피어나는 재래종 수선을 흔히 볼 수 있어, 남국의 정취가 한결 더하다. 그때 가져온 수선을 화분에 심어 가꾸어보았지만 잎만 무성하게 자랄 뿐 끝내 꽃을 보지 못했다. 작년 봄 잎을 잘라내고 구근만을 거두어 이 다음 불일암에 내려가면 심어줄 요량으로 화분에 담아둔 채 깜박 잊어버리고 말았다.

며칠 전 지붕에서 눈이 녹아 내리는 낙숫물 소리를 들으면서 광을 정리하다가 빈 화분을 밖에 내놓으려고 덮어 놓은 화분 받침을 열었더니, 까맣게 잊고 지낸 수선의 구근에서 뾰족이 새잎이 올라와 있었다. 이것을 본 순간 내가 못할 짓을 했구나 하는 자책감이 들었다. 화분 받침에 덮여 깜깜한 빈 화분 속에서 1년 가까이 지내고도 죽지 않고 살아 있는 그 생명력이 놀라웠다. 식물의 강인한 생명력 앞에 옷깃을 여미고 싶었다.

새삼스런 일이지만, 생명력이란 도대체 무엇인가를 곰곰이 생각해 보지 않을 수 없었다. 수선의 구근 속에 무엇이 들어 있기에, 흙에서 떠나 1년 가까이 지내면서도 죽지 않고 새싹을 틔우고 있는 것일까. 생각할수록 그것은 풀 수 없는 생명의 신비다. 그것은 무엇으로도 바꿀 수 없는 절대 신성이요, 불성이다.

유정有情이건 무정無情이건 모든 존재에는 다 불성이 있다는 말도 이 생명의 신비를 두고 한 말일 것이다. 식물뿐 아니라 살아 있는 모든 것 속에 이렇듯 신비한 생명의 씨앗이, 기운이 깃들여 있다.

살아 있는 모든 생명체는 살기 위해서 이 세상에 있다. 따로 이유나 목적이 있을 수 없다. 살아 있음 그 자체가 신성한 이유요, 목적이다. 열악한 환경, 어둠 속에 갇혀서도 시들지 않고 새싹을 틔우는 현상이 바로 이것이다.

이런 생명체를 함부로 꺾거나 죽게 한다면 그것은 큰 허물이 될 것이다. 결과적으로 내 자신 속에 들어 있는 생명의 씨앗이 그만큼 꺾이고 시들게 될 것이다. 왜냐하면 모든 생명의 뿌리는 하나이기 때문이다. 이 하나인 생명의 뿌리에서 나뉘어진 가지가 나와 당신이며 또한 우리 이웃이다.

요즘 우리는 경제적인 큰 어려움 앞에서 삶에 두려움과 위협을 느끼고 있다. 기업만이 파산을 하는 것이 아니라 개인도 파산을 당하는 경우가 속출하고 있다. 사람이 경제에만 매달리면 경기가 나쁠 때는 경제와 함께 침몰한다.

이런 때일수록 마음의 안정과 여유가 절실하다. 경제 외적인 곳에서도 얼마든지 삶의 길은 열려 있다. 눈길을 돌려 우리 둘레를 한번 살펴보라. 여기저기서 생명의 신비인 꽃들이 피어나고 있다. 그것은 자연이 무상으로 베풀어주는 은혜다. 어려운 경제의 굴레에서 벗어나 한때나마 새봄에 피어난 꽃 앞에 마주 서보는 여유를 가졌으면 좋겠다.

건성으로 스쳐 지나가지 말고 차분한 마음으로 꽃잎에 눈길을 모아 꽃술 하나하나와 그 오묘한 빛깔과 모양을 살피고 그 향기에 귀를 기울여보라. 꽃향기는 코가 아니라 귀로 들을 수 있어야 한다. 문향聞香. 마음을 활짝 열어 무심히 꽃을 대하고 있으면 어느새 자기 자신도 꽃이 될 수 있다.

옛날 꽃을 몹시 사랑한 어떤 사람은 자기가 좋아하는 꽃이 피기 시작하면 침구까지 메고 가서 그 꽃나무 아래 묵으면서 꽃의 개화를 지켜보고 만발했다가 시들어 떨어지는 과정까지 낱낱이 살펴본 뒤에야 그 자리를 떠났다고 한다. 가히 꽃 같은 사람이다.

조선시대의 환성 지안喚醒志安 선사는 '봄구경賞春'이라는 시를 이렇게 읊었다.

지팡이 끌고 깊숙한 길을 찾아
여기저기 거닐면서 봄을 즐기다
돌아올 때 꽃향기 옷깃에 배어
나비가 훨훨 사람을 따라오네

요즘 남녘에서는 매화가 한창이란다. 옛 시인의 말대로 '남해의 신선이 사뿐히 땅에 내려 달밤에 흰옷 입고 와서 문을 두들긴다'는 그 매화가 한창이란다.   1998

섬진 윗마을의 매화

　며칠 전 내린 비로, 봄비답지 않게 줄기차게 내린 비로 겨우내 얼어붙었던 골짜기의 얼음이 절반쯤 풀렸다. 다시 살아난 개울물 소리와 폭포소리로 밤으로는 잠을 설친다.

　엊그제는 낮에 내리던 비가 밤 동안 눈으로 바뀌어 아침에 문을 열자 온 산이 하얗게 덮여 있었다. 나뭇가지마다 눈꽃이 피어 볼 만했다. 말끔히 치워 두었던 난로에 다시 장작불을 지펴야 했다.

　옛사람들이 건강 비결로, 속옷은 늦게 입고 늦게 벗으라고 한 그 말의 의미를 알아야 한다. 늦가을이나 초겨울에 날씨가 좀 춥다고 해서 곧바로 두터운 속옷을 껴입으면 한겨울의 추위를 이겨 내는 데에 저항력이 약해질 수밖에 없다.

　햇살이 좀 따뜻해졌다고 해서 봄이 온 것은 아니다. 앞을 다투어 봄소식을 전하는 방송이나 신문에 속아 성급하게 봄옷으로 갈아입으면 변덕스런 날씨로 인해 감기에 걸리기 알맞다.

'늦게 입고 늦게 벗으라'는 교훈은 우리 선인들이 몸소 겪으면서 익혀 온 생활의 지혜다. 무엇이든지 남보다 앞서 가야 직성이 풀리는 성급하고 조급한 요즘의 우리에게는, 속옷만이 아니라 삶의 이 구석 저 구석에 느긋한 여유를 가지고 대응하라는 지혜일 수도 있다.

속도에 쫓기는 현대인들은 일 년에 한두 차례 있을까 말까 한 꽃구경을 가더라도 건성으로 돌아보고 이내 후닥닥 돌아서고 만다. 그야말로 달리는 말 위에서 산천을 구경하는 격이다.

어느 시구처럼 '무슨 길 바삐바삐 가는 나그네'인가.

이곳 두메산골은 봄이 더디다. 남쪽에서는 벌써부터 매화가 피고 산수유가 한창이라는 소식이다. 이곳은 남쪽에서 꽃이 다 지고 나서야 봄이 느리게 올라온다.

예년 같으면 벌써 꽃구경하러 남쪽에 내려갔을 텐데, 세월이 내 발길을 붙들고 있다. 많은 이웃들이 생계에 위협을 느끼며 걱정근심 속에 나날을 보내고 있는데, 같은 땅에서 차마 한가히 꽃구경을 할 수가 없다.

그래서 전에 꽃구경하던 일을 되새기는 것이다.

매화가 필 무렵이면 남도의 백운산 자락 광양군 다압면 섬진 윗마을에 가곤 했었다. 남해고속도로를 달리다가 옥곡 인터체인지에서 내려 861번 지방도로를 타고 몇 구비를 돌아 북상하면 바른쪽에 섬진강이 흐른다. 군데군데 대숲이 있고 청청한 대숲머리에 하얗게 매화가 피어 있는 걸 보는 순간 가슴이 두근거린다. 왼쪽

이 백운산 자락인데 다압면多鴨面에 접어들면 동네마다 꽃 속에 묻혀 있어 정겨운 마을을 이루고 있다. 둘레에 꽃이 있으면 다 쓰러져 가는 오막살이일지라도 결코 궁핍하게 보이지 않는다. 그곳 매화의 절정은 단연 섬진 윗마을에 있는 '청매실농원' 언저리다. 요즘은 대형버스로도 올라갈 수 있는 길이 닦여 있지만 그전에는 겨우 경운기가 오르내릴 정도의 오솔길이었다.

골짜기와 언덕에 수천 그루의 매화가 핀 걸 보면, 아무리 물기가 없는 딱딱한 사람일지라도 매화에 도취되지 않을 수 없다. 기품 있는 꽃과 그 향기의 감흥을 모른다면 노소를 물을 것 없이 그의 인생은 이미 막을 내린 거나 다름이 없다.

강 건너 풍경은 꿈결처럼 아름답다. 섬진강을 사이에 두고 북쪽은 지리산 자락 하동과 구례이고, 남쪽은 백운산 자락 광양 땅이다. 다압 쪽에서 강 건너 북쪽을 바라보면 언덕 위 큰 바위 곁에 올망졸망 붙어 있는 집들이 신선이라도 사는 것처럼 사뭇 환상적이다.

또 화개에서 하동읍으로 내려가면서 바라보이는 강 건너 다압 쪽 섬진 마을은 매화로 꽃구름 속에 묻힌 무릉도원이다. 이 길목에서는 배꽃이 필 무렵에도 안복眼福을 누릴 수 있다.

강 건너 풍경은 이렇듯 아름답다. 그러나 막상 강을 건너 그 지점에 가보면, 찌든 삶의 부스러기들이 여기저기 어지럽게 흩어져 있다.

우리들의 삶에는 이렇듯 허상과 실상이 겹쳐 있다. 사물을 보되

어느 한쪽이나 부분만이 아니라 전체를 볼 수 있어야 한다. 꿈은 꿈 자체로서 아름다운 것이지 깨고 나면 허망하다. 그것이 꿈인 줄 알면 거기에 더 얽매이지 않게 된다.

어느 해 봄이던가 꽃 속에 묻힌 섬진 윗마을을 이리 보고 저리 보면서 터덕터덕 지나가다가, 산자락에 눈에 띄는 외딴집이 있어 그 오두막에 올라가 보았다. 누가 살다 버리고 갔는지 빈집인데 가재도구들이 여기저기 흩어진 채였다. 언덕에 차나무가 심어져 있고 동백이 몇 그루 꽃을 떨구고 있었는데, 허물어져 가는 벽 한 쪽에 서툰 글씨로 이런 낙서가 있었다.

'우리 아빠, 엄마는 돈을 벌어서 빨리 자전거를 사주세요? 약속.'

'약속' 끝에다가 하트를 그려 놓았었다. 무심히 이 낙서를 읽고 나니 가슴이 찡했다. 자기 친구들이 자전거를 타는 걸 보고 몹시 부러워하면서 아이는 자기 아빠와 엄마한테 자전거를 사달라고 졸랐을 것이다. 그럴 때마다 가난한 그 집 아빠와 엄마는 이 다음에 돈 벌면 사주마고 달랬던 모양이다.

자전거를 갖고 싶어하던 그 집 아이의 소원이 이루어졌는지 나는 궁금하다. 아직도 자전거를 갖지 못했다면 그 집 아이에게 이 봄에 자전거를 사주고 싶다. 1999

어느 오두막에서

올 봄에는 일이 있어 세 차례나 남쪽을 다녀왔다. 봄은 남쪽에서 꽃으로 피어난다는 당연한 사실을 새삼스럽게 느꼈다. 매화가 그 좋은 향기를 나누어주더니 산수유와 진달래와 유채꽃이 눈부시게 봄기운을 내뿜고, 뒤이어 살구꽃과 복사꽃, 벚꽃이 흐드러지게 봄을 잔치하고 있다.

메마른 가지에서 아름다운 꽃이 피어나다니, 그 꽃에서 고운 빛깔이 생겨나고 은은한 향기가 들려오다니, 생각할수록 신기하고 신비롭기만 하다. 살아 있는 생명의 신비는 그대로가 우주의 조화다. 이 우주의 조화에는 가난도 부도 상관이 없다. 모든 것이 그때를 알아, 있을 자리에 있을 뿐이다.

꽃은 무심히 피고 소리없이 진다. 이웃을 시새우거나 괴롭히지 않는다. 그러나 사람들은 이런 꽃에 비하면 그 삶의 모습이 너무 시끄럽고 거칠고 영악스럽다. 꽃이 사람들 눈에 띄는 곳에서 피어

나는 것은, 묵묵히 피고 지는 우주의 신비와 그 조화를 보고 배우라는 뜻일 수도 있다.

사람도 그 삶이 순수하고 진실하다면 한 송이 꽃으로 그 모습을 드러낼 수 있겠다고, 한 스님이 살다 간 빈 오두막을 보면서 생각하게 되었다.

그 절에서 십 분쯤 숲길을 따라 올라간 곳에 자리잡은 오두막은 벼랑 아래 돌과 흙과 나무로 지어졌다. 마당에 들어서면 앞이 툭 트여 멀리 바다가 내다보이는 그런 곳이다. 빈집인데도 뜰은 말끔히 비로 쓸린 자국이 남아 있었다.

집 구조는 수행자가 단출하게 살기에 알맞도록 간소하고 질박하다. 높지 않은 마루를 올라서면 방 두 개가 장지문으로 이어져 있는데, 한 칸은 선방으로 썼음인지 빈방에 달랑 방석 한 장뿐. 불단으로 쓰기 위해 네모로 벽을 파 놓았는데, 불상은 없고 방석만 좌대 위에 도도록하게 올려져 있었다. 그 빈 자리가 그 방에서 눈길을 끌었다.

장지문을 통해 들어선 작은 방은 유리 대신 투명한 비닐로 창을 바르고 안으로 창호지를 드리워 놓았다. 드리워진 창호지를 걷어 올리면 방 안에 앉아 차를 들면서 멀리 바다를 내다볼 수 있게 하였다. 한쪽에 조촐한 다기가 다포에 덮여 있었다. 그 창으로 달빛도 들어오고 봄바다에서 피어오르는 물안개도 내다볼 수 있을 것 같았다. 방 안은 더 소개할 거리가 없을 만큼 텅 비어 있었다.

추녀 밑에는 다음에 와서 살 사람을 위해 장작과 삭정이를 넉넉하게 준비해 두었다. 가지런하고 반듯하게 쌓아 올린 장작더미를 보면 그 일을 할 때 어떤 마음으로 했는지 훤히 짐작할 수 있다.

절에서 오두막으로 올라가는 경사진 길에도 군데군데 통나무로 층계를 만들어 놓아 그 길을 오르내리는 사람들이 미끄러지지 않고 안전하게 다닐 수 있도록 했다. 그리고 방 안은 말끔히 도배를 해 놓았다.

그 스님은 지난 겨울 한 철(석 달)을 이 오두막에서 지내다 갔는데, 그 자취를 보니 그가 어떻게 살았는지 잘 알 수 있었다. 청정한 승가의 규범이 그곳에서 행해진 것을 보는 마음도 맑고 청정해졌다. 한 마음이 청정하면 여러 사람의 마음에도 그 청정의 메아리가 울리게 마련이다.

뒤에 올 사람을 위한 이와 같은 배려는 예전부터 전해 온 전통적인 승가의 말없는 규범인데, 요즘에는 절에서도 마을집에서도 이런 아름다운 규범은 찾아보기 어렵다.

이 오두막에서 우리가 배울 수 있는 것은 맑은 가난 속에서 길러진 따뜻한 그 마음씨다. 자기 한 몸만을 위하지 않고 뒤에 와서 살 사람을 배려한 그 마음씨는, 우리에게 보여준 말없는 그의 가르침이다. 오두막을 내려오면서 말없는 그의 가르침이 이 오두막에서만이라도 두고두고 이어지기를 염원했다.

간소하고 질박한 삶의 모습에서 우리는 절제된 아름다움을 숲 향기처럼 느낄 수 있다. 그것은 모자람이 아니라 충만임을 머리가 아닌 가슴으로 받아들일 수 있다.

거룩한 가난의 성자, 프란체스코는 수도자의 집과 오두막이 그들의 신분에 어울리도록 보다 작고 간소하게 그리고 편리하게 지어지기를 항상 염원하면서 그런 집에서 머물기를 좋아하였다. 마지막 임종에 이르렀을 때에도 가난과 겸손을 보다 안전하게 지키기 위해 수도자의 집과 오두막은 꼭 나무와 흙으로만 짓도록 당부하였다. 그러면서 이런 집을 개인의 소유로 삼지 말고 그 속에서 순례자나 나그네처럼 살기를 원했다.

절제된 아름다움인 이와 같은 맑은 가난은 경제 위기를 극복하기 위한 일시적인 생활방편이 되어서는 안 된다. 맑은 가난은 우리가 두고두고 배우면서 익혀 가야 할 항구적이고 지속적인 청정한 생활규범이 되어야 한다.

절제된 아름다움은 우리를 사람답게 만든다. 불필요한 것을 다 덜어내고 나서 최소한의 꼭 있어야 될 것만으로 이루어진 본질적인 단순 간소한 삶은 아름답다. 그것은 한 송이 꽃으로 피어난 모습이기도 하다. 1998

가난한 절이 그립다

옛 스승은 말씀하셨다.

'도를 배우는 사람은 무엇보다도 먼저 가난해야 한다. 가진 것이 많으면 반드시 그 뜻을 잃는다. 예전의 출가 수행자는 한 벌 가사와 한 벌 바리때 외에는 아무것도 지니려고 하지 않았다. 사는 집에 집착하지 않고, 옷이나 음식에도 생각을 두지 않았다. 이와 같이 살았기 때문에 오로지 도에만 전념할 수 있었다.'

이런 법문을 대할 때마다 나는 몹시 부끄럽다. 지금 내가 지니고 있는 것이 너무 많기 때문이다. 누구나 할 것 없이, 한 생각 일으켜 살던 집에서 뛰쳐나와 입산 출가할 때는 빈손으로 온다. 이 세상에 처음 올 때 빈손으로 오듯이. 이 절 저 절로 옮겨다니면서 이런 일 저런 일에 관계하다 보니 걸리는 것도 많고 지닌 것도 많게 된 것이다. 지닌 것이 많을수록 수행의 길과는 점점 멀어진다.

출가 수행승을 다른 말로는 '비구'라고 한다. 산스크리트에서

음으로 옮겨진 말인데 그 뜻은 거지乞士다. 인도에서 모든 수행자들은 전통적으로 음식을 탁발에 의해 얻어먹기 때문에 이런 이름이 붙여진 것이다.

일반 거지와는 달리 빌어서 먹으면서도 그 지향하는 바가 다르다. 밖으로는 음식을 빌어 육신을 돕고, 안으로는 부처님의 법을 빌어 지혜 목숨慧命을 돕는다는 두 가지 뜻이 있다.

이와 같은 거지들이 모여 사는 곳이 절이다. 시대의 흐름에 따라 옛날과 한결같을 수 없는 것은 수행자라고 해서 예외는 아니다. 하지만 시대의 어떤 흐름 앞에서라도 그 근본정신을 잃는다면 수행자의 존재 의미는 사라지고 만다. 수행자들이 사는 세계를 흔히 출세간出世間이라고 하는데, 생활양식이 세속이나 다름이 없다면 굳이 출세간이라고 말할 것이 무엇인가.

오늘날 산중이나 도시를 가릴 것 없이 수행자가 분수에 넘치고 흥청거리는 것은 뜻있는 사람들이 한결같이 지적해 온 바다. 나라 안이 온통 경제 위기로 인해 일터를 잃은 실업자가 무수히 거리로 쏟아져 나오고, 살길이 막막하여 스스로 목숨을 끊는 사람들이 늘어만 가는 지금 이런 참담한 현실을 망각한 채 쏨쏨이를 함부로 하면서 흥청거릴 때인가.

지난 봄, 볼 일이 생겨 몇 차례 내가 예전에 살던 절에 가서 2, 3일씩 묵고 온 적이 있다. 내가 혼자서 조촐히 살던 때와는 달리 모든 것이 넘치고 있는 것을 보고 놀라지 않을 수 없었다. 시주의 물건이 얼마나 무서운 것인가를 그들은 모르고 있었다.

옛 스승들은 한결같이 가르치신다. 배 고프고, 가난한 데서 수행자의 보리심이 싹트는 것이라고. 시주의 은혜를 많이 입으면 그 무게에 짓눌려 제정신을 차리기가 어렵다.

휴정선사도 그의 〈선가구감〉에서 출가 수행자에게 간곡히 타일렀다.

'출가하여 수행자가 되는 것이 어찌 작은 일이랴. 편하고 한가함을 구해서가 아니며, 따뜻이 입고 배불리 먹으려고 한 것도 아니며, 명예와 재물을 구해서도 아니다. 생사를 면하려는 것이며, 번뇌를 끊으려는 것이고, 부처님의 지혜를 이으려는 것이며, 갈등의 수렁에서 뛰쳐나와 중생을 건지기 위해서다.'

가난한 절에서 살고 싶은 것이 내 소원이요, 염원이다. 보다 단순하고 간소하게 사는 것이 수행자로서 본질적인 삶이라고 나는 믿고 있기 때문이다.

한 시주의 갸륵한 뜻으로 길상사를 세워 개원하던 날, 나는 대중 앞에서 다음과 같은 말을 했다. 요즘 절과 교회가 호사스럽게 치장하고 흥청거리는 것이 이 시대의 유행처럼 되고 있는 현실에서, 이 절만은 가난하면서도 맑고 향기로운 청정한 도량이 되었으면 좋겠다고 했다.

어떤 종교 단체를 막론하고 그 시대와 후세에 모범이 된 신앙인들은 하나같이 가난과 어려움 속에서 믿음의 꽃을 피우고 열매를 맺었다는 역사적인 사실을 상기시켰다. 또한 이 절은 불자들만이 아니라 누구나 부담없이 드나들면서 마음의 평안과 삶의 지혜를 나눌 수 있기를 바란다고 덧붙였다.

사석에서 몇 차례 밝힌 바 있듯이, 내 자신은 시주의 뜻을 받아들여 절을 일으키는 일로써 할 일은 끝난 것이다. 운영은 이 절에 몸담아 사는 사람들이 알아서 할 일이다. 절을 세우는 데에 함께 동참한 크고 작은 시주들에게 나는 늘 고마움을 간직하고 있다. 부처님의 가르침을 믿는 마음에서 기꺼이 참여한 시주의 공덕은 이 도량이 존속되는 한 결코 소멸되지 않을 것이다.

　이 기회에 한 가지 밝혀 둘 것은, 절은 어떤 개인의 재산이 아니라 종단의 공유물이라는 사실이다. 시주가 이 도량을 나에게 의탁하여 절을 만들었다고 해서 어찌 내 개인의 절일 수 있겠는가. 길상사가 마치 내 개인 소유의 절인 줄로 알고 그동안 경향 각지의 많은 사람들이 물질적인 도움을 청해 올 때마다 나는 참으로 곤혹스러웠다. 낱낱이 응답을 못 해드린 점 이해해 주기 바란다.

　현재 내가 몸담아 사는 산중의 오두막은 여러가지로 불편한 환경이다. 그럼에도 불구하고 나는 이곳에서 단순하고 간소하게 내 식대로 살 수 있기 때문에 일곱 해째 기대고 있다. 어디를 가보아도 내 그릇과 분수로는 넘치는 것을 감당할 수 없어, 나는 이 오두막을 거처로 삼고 있는 것이다.

　거듭 밝히는 바이지만 나는 가난한 절이, 청정한 도량이 그립고 그립다.　1998

개울물에 벼루를 씻다

비가 내리다가 맑게 갠 날, 개울가에 앉아 흐르는 물에 벼루를 씻었다. 잔잔히 흐르는 개울물 소리를 들으면서 벼루를 씻고 있으니 마음이 그렇게 편안할 수가 없었다. 문득 내 안에서 은은한 묵향이 배어 나오는 것 같았다.

이렇듯 맑게 흐르는 개울물도 사나운 폭풍우를 만나면 흙탕물로 온통 폭포를 이루어, 골짜기가 떠나갈 듯이 소란스럽다. 이런 날은 자연의 일부분인 내 마음도 스산해져서 일이 손에 잡히지 않는다. 밤에는 넘치는 물소리 때문에 깊은 잠을 이루지 못한다. 같은 산중에 사는 나무와 짐승과 새들도 그런 내 기분과 마찬가지일 것이다. 살아 있는 것들은 모두 한 생명의 뿌리에서 나누어진 가지들이기 때문이다.

인적이 끊긴 깊은 산중에서 길을 잃고 헤매던 나그네가 그 산중에 은거하고 있는 한 노승을 만나 마을로 내려가는 길을 물었다.

노승은 단 한 마디로 '흐름을 따라가게隨流去'라고 일러주었다. 산중의 개울물은 이 골짝 저 골짝을 거쳐 마침내는 사람들이 모여 사는 촌락으로 지나가게 마련이다.

흐름을 따라가라는 이런 가르침은 인생의 길목에도 적용될 것이다. 세상을 살다가 갈 길이 막히면 절망을 한다. 이런 때는 뛰어 넘을 수 없는 벽 앞에서 절망할 게 아니라 '흐름'을 찾아야 한다. 그 흐름은 마음이 열려야 만날 수 있다. 지금까지 쌓아온 벽을 미련없이 허물고 다리를 놓아야 한다.

사람과 사람 사이를 갈라놓는 것은 벽이고, 이어주는 것은 다리다. 벽은 탐욕과 미움과 시새움과 어리석음으로 인해 두터워 가고, 다리는 신의와 인정 그리고 도리로 인해 놓여진다. 다리는 활짝 열린 마음끼리 만나는 길목이다. 좋은 세상이란 사람과 사람 사이에 믿음과 사랑의 다리가 놓여진 세상이다.

내 오두막에 일이 있을 때면 와서 거들어주는 산촌의 일꾼이 있는데, 아침나절 그가 올라와 이런저런 이야기 끝에 "이번에는 또 어떤 사람이 나와서 뭘 해먹을지 알 수 없군요"라고 했다. 물론 금년 말에 있을 대선을 의식, 청와대에 들어가고 싶어하는 사람들을 두고 한 말일 것이다.

그가 남기고 간 이 말이 짙은 여운을 남긴 채 내 머릿속에서 맴돌았다. 돌이켜보면 우리는 그동안 참으로 불행한 역사를 만들어 온 것 같다. 국권을 국민들로부터 위임받은 대통령 중에서 단 한 사람도 신뢰와 존경을 받는 이가 없었다니 얼마나 불행한 역사인가.

독선과 아집으로 나라가 위태로워지자 국외로 피신 객사한 대통령, 군인들의 총칼 앞에 맥없이 자리를 비켜선, 기억도 희미한 대통령, 쿠데타로 정권을 탈취하여 장기집권으로 인권을 무참히 유린하다가 마침내 피비린내를 풍기면서 막을 거둔 유신독재의 대통령, 내란을 일으켜 권력을 잡고 그 권력을 이용해서 부당하게 축재한 죄로 오늘도 감옥에서 옥살이를 하고 있는 전직 두 대통령, 개혁을 부르짖다가 경제를 파탄에 이르게 하고 분수를 모르고 설친 자식 때문에 모처럼 세운 문민정부의 위상도 묻혀 버린 풀 죽은 현직 대통령.

과거와 현재를 통해 7인의 대통령을 하나하나 헤아려보아도, 어느 한 사람 우리가 존경하고 받들 인물이 없다는 것은, 그 당사자의 불행이기에 앞서 우리 모두의 불행이 아닐 수 없다. 집터가 그래서인지, 들어가는 사람마다 그런 사람들이어서 그런지 한 사람도 뒤끝이 온전한 사람이 없다. 그런데도 서로가 앞다투어 그 집에 들어가겠다고 말 그대로 난장판이다.

자신이 대통령이 되어야만 나라가 바로 선다고 호언장담하는 대통령 지망생들, 오로지 표를 얻기 위해 한 입으로 이 지역에 가서는 이렇게 말하고, 저 지역에 가서는 저렇게 말하는 겉과 속이 다른 정치꾼들을 보면서, 문득 흐루시초프가 한 말이 떠올랐다.

'정치가란 시냇물이 없어도 다리를 놓겠다고 허풍을 떠는 자들이다.'

올 한 해는 청와대에 들어가 살고 싶어하는 사람들 때문에 나라 안이 온통 시끌시끌할 것이다. 오늘 아침 현재 여덟 사람이 들떠 있지만 결국은 영광스런, 아니 고독한 그 한 자리를 위해 나머지 사람들은 들러리가 되어야 한다. 막판에 가면 고질적이고 망국적인 저 지역감정에 또 불이 붙을지 모르겠다. 이번에도 그렇게 되면 우리는 무엇이 될 것인가. 세상은 하루가 다르게 변해 가고 있는데 우리는 묵은 수렁에서 언제쯤 헤어나올지 걱정이 앞선다.

대통령 지망생들에게 희망과 기대를 갖기보다는 순박한 산촌 사람 입에서 "이번에는 또 어떤 사람이 나와 뭘 해먹을지 알 수 없군요"라는 말이 나올 수 있다는 것은, 국민들 마음이 그만큼 정치가들에 의해서 멍들었다는 뜻이기도 하다.

이 같은 불신의 상처부터 치유해 줄 수 있는 정직하고 능력있는 사람이 그 집으로 들어갔으면 좋겠다. 퇴임 후에도 증언대에 서거나 감옥에 들어가지 않고, 그 인품과 업적을 온 국민이 기릴 수 있는 덕망있는 사람이 그 집 주인이 되었으면 좋겠다. 1997

인간의 가슴을 잃지 않는다면

추석을 앞두고 연일 음산한 날씨 때문에 풀을 쑤어 놓고도 미처 창문을 바르지 못했다. 가을날 새로 창을 바르면 창호에 비쳐드는 맑은 햇살로 방 안이 아늑하고 달빛도 한결 푸근하다. 이제 산중에서는 아침 저녁으로 쌀쌀해서 날마다 군불을 지펴야 한다.

들녘에 풍년이 들면 산중에는 흉년이 든다는 말이 전해져 온다. 올해는 다행히 비바람이 순조로워 가을 들녘마다 이삭과 열매가 풍성하게 여물었다. 그러나 산중에는 가을 열매들이 거의 자취를 감추었다.

오두막 뒤켠에 있는 예닐곱 그루의 산자두나무에 열매가 전혀 열리지 않았다. 해마다 주렁주렁 열리던 세 그루의 해묵은 돌배나무에도 올 가을에는 열매가 달리지 않았다. 넝쿨은 전이나 다름없이 무성한데 다래도 전혀 열리지 않았다. 오미자의 빨간 열매도 눈에 띄지 않는다.

산 너머에서도 가을 열매가 열리지 않기는 마찬가지라고 했다. 들녘에 풍년이 들어 거두어들이는 일에 바쁠 테니 산에는 눈을 돌리지 말라는 소식인가. 산의 열매가 풍성할 때는 들녘 곡식이 시원찮은 경우가 많은데 그것은 곡식이 모자랄 테니 산에 가서 열매라도 거두라는 뜻인지 모르겠다.

어쨌든 올 가을 이곳 산중에는 전에 없이 가을 열매를 보기가 어렵다. 그 원인을 헤아려보니 꽃이 필 무렵 이상저온에다 비가 자주 내리는 바람에 꽃가루의 촉매작용이 제대로 이루어지지 못했기 때문인 것 같다.

한창 꽃이 필 무렵 날씨가 궂어 촉매작용이 안 되면 열매가 열리지 않는다는 이런 사실이 요 며칠 동안 화두처럼 맴돌면서 인간사의 이런 일 저런 일을 생각케 했다.

추석 연휴 덕에 한때나마 바깥 세상 소식을 안 보고 안 들었을 테니 우리 속뜰이 그만큼 평온하고 정결해졌을 것 같다. 우리는 이 시끄러운 정보화 사회에 살면서 그렇게 요긴하지도 않은 그 많은 정보 때문에 얼마나 무거운 상처를 입고 있는가.

자신이 대통령이 되어야만 이 나라를 구할 수 있다고 큰소리치는 사람들. 그들의 속이 훤히 들여다보이는 말과 시시콜콜한 움직임에 이르기까지 어째서 우리가 낱낱이 말려들고 얽혀들어 우리들의 말짱한 의식을 얼룩지게 하는가. 인간생활의 수많은 영역 중에서 그 일부분을 차지하는 것이 정치인데 어째서 신문 방송 등 언론 매체들은 하나같이 정치판만을 과다하게 그리고 무제한으로 다루는지 알 수 없는 일이다.

돈 안 드는 선거라면 그 선출 과정도 들뜨지 않고 낭비가 적어야 한다. 전파와 지면에 시간과 돈과 인력을 쏟아가며 시끄러움을 만들어내기보다는 생산적이고 창조적인 인간의 생활분야에 더 관심을 기울였으면 좋겠다. 언론사마다 경쟁적으로 과다하게 보도하는 것은 결코 언론의 사명일 수 없다. 넘치는 것은 모자람만 못하다는 교훈을 되새겼으면 한다.

누구나 걱정하고 있듯이 날이 갈수록 인간의 위상이 크게 흔들리고 있다. 인간 존재 그 자체에 대해서 인간 스스로 의문을 갖게 하는 일이 지구촌 곳곳에서 잇따라 일어나고 있다. 치열하고 냉혹한 경쟁 사회에서 인간끼리 서로 못 미더워하고 짓밟으면서 중심을 잃은 채 겉돌고 있는 것이 요즘의 세태다.

자신이 진 빚을 갚기 위해 무고한 어린 생명을 목졸라 죽인 비정한 일이 배운 사람의 손에 의해 저질러졌다는 것은 무엇을 의미하는가. 배움의 의미가 어디에 있는지 거듭 묻게 한다.

흔히들 21세기를 거론하지만 미래는 어디서 오는 것이 아니라 우리 스스로 만들어 간다. 미래를 믿지 말라고 현자들은 한결같이 말한다. 21세기란 딴 세월이 아니라는 것이다. 시간은 하나의 존재. 그것은 지금 이 자리에서 이렇게 존재할 뿐이다.

불교의 한 경전에는 이런 구절이 있다.

"과거를 따르지 말라. 미래를 바라지 말라. 한번 지나가 버린 것은 이미 버려진 것, 그리고 미래는 아직 도달되지 않았다. 다만 오늘 해야 할 일에 부지런히 힘쓰라. 그 누가 내일 죽음이 닥칠지 알

것인가."

저마다 지금 바로 그 자리에서 한눈팔지 말고 최선을 기울여 최대한으로 살라는 가르침이다.

우리들이 인간의 가슴을 잃지 않는다면 이 세상은 얼마든지 밝은 세상이 될 수 있다. 그러나 우리가 그 가슴을 잃게 되면 아무리 많이 차지하고 산다 할지라도 세상은 암흑으로 전락하고 만다.

국민 각자가 자신들이 하는 일에서 마음껏 꽃을 피울 수 있도록 돕는 것이 정치의 몫이다. 국민생활에 불편과 부당한 간섭과 충격을 주지 않는다면 활발한 촉매작용으로 삶의 결실을 알차게 이룰 것이다. 여기에 우리의 미래도 달려 있다. 1997

오두막 편지

절기로 오늘이 하지夏至다. 여름철 안거도 어느새 절반이 되었구나. 그동안 아주 바쁘게 살았다는 생각이 어제 오늘 든다. 모처럼 산거山居의 한적한 시간을 되찾을 수 있었기 때문이다. 어젯밤에는 오랜만에 별밭에 눈길을 보내고, 어지럽게 날아다니는 반딧불이도 보았다.

그토록 머리 무겁게 생각해 오던 방 뜯어고치는 일을 감행했다. 이 궁벽한 산중에서 방을 뜯어고치는 일은 여간 힘들고 머리 무거운 일이 아니다. 미친 바람이 불어오면 굴뚝으로 나가는 연기보다 아궁이로 내뿜는 연기가 더 많을 정도로 불이 들지 않았다. 아랫목은 발을 디딜 수 없을 만큼 프라이팬처럼 뜨거워도 윗목은 냉랭하고 습해서 집을 비워두면 곰팡이가 슬었다.

이번에는 아예 아궁이와 굴뚝의 위치를 바꾸고 방구들을 다시 놓았다. 다행히 불이 잘 들이고 방이 고르게 덥다. 그동안의 경험

142

을 통해서 성실한 일꾼과 나는 온돌방의 묘리를 제대로 터득하게 된 것이다. 진정한 배움은 이론을 통해서가 아니라 몸소 겪는 체험을 거쳐 이루어진다. 그리고 몇 차례의 실패를 겪으면서 구조적인 원리와 확신에 이를 수 있다.

이런 일은 비단 방 고치는 일만이 아니라 인간사 전반에 걸쳐 해당될 것이다. 실패가 없으면 안으로 눈이 열리기 어렵다. 실패와 좌절을 거치면서 새 길을 찾게 된다. 그렇기 때문에 전생애의 과정에서 볼 때 한때의 실패와 좌절은 새로운 도약과 전진을 가져오기 위해 딛고 일어서야 할 디딤돌이다.

며칠 전에 도배를 마쳤는데, 아직 빈 방인 채 그대로 있다. 방석이나 경상, 다구茶具 등 아무것도 들여 놓지 않았다. 나는 이 빈 방의 상태가 좋다. 거치적거릴 게 없는 텅 빈 공간이 넉넉해서 좋다. 얼마쯤의 불편과 아쉬움이 오히려 즐길 만하다. 물론 언제까지고 빈 방으로 살 수는 없겠지만, 할 수 있는 한 그 기간을 자꾸만 연장하고 싶다.

내 이야기는 이만하고 이제는 그쪽 이야기를 듣고 싶다. 집 짓는 일은 어느 정도 진척이 되었는지, 이엉은 덮었는지 궁금하다. 장마철이 오기 전에 지붕을 덮어 놓아야 나머지 일은 그 안에서 진행할 수 있다. 나 같으면 벌써 일을 마쳤을 텐데 아직도 끝내지 않았다니 그 저력이 대단하구나. 상량을 한 지도 벌써 달포가 지났는데 두 칸 방 집을 짓는 그 진행이 너무 더디다.

물론 날씨와 그럴 만한 현장의 사정이 있을 줄 안다. 일을 하면서도 즐겁게 해야 그 일의 결과도 좋다. 그러나 내가 우려하는 것은, 자원봉사 명분으로 불러다 쓰는 공양주를 비롯해서 많은 사람의 은혜와 신세를 그렇게 오랫동안 져도 좋을까 하는 생각이다. 시은施恩을 많이 입게 되면 그 타성에 젖어 정진이 소홀해진다는 사실을 명심해야 한다. 방 두 칸 지으면서 얼마나 많은 인력과 재력과 시간과 시은을 들이고 있는지 되돌아볼 일이다.

상량문에서도 언급한 바 있듯이, 나는 그 두 칸 흙집이 진정한 수행자의 거처가 되기를 바란다. 야유몽자 불입夜有夢者不入 구무설자 당주口無舌者當住. 밤에 꿈이 있는 자 들어가지 못하고, 입에 혀가 없는 자만이 머무를 수 있다.

밤에 꿈이 많은 사람은 그만큼 망상과 번뇌가 많다. 수행자는 가진 것이 적듯이 생각도 질박하고 단순해야 한다. 따라서 밤에 꿈이 없어야 한다. 또 수행자는 말이 없는 사람이다. 말이 많은 사람은 생각이 밖으로 흩어져 안으로 여물 기회가 없다. 침묵의 미덕이 몸에 배야 한다.

나는 그 두 칸 흙집 자체가 질박하고 단순한 수행자의 모습이기를 바란다. 오늘날 우리들은 편리한 문명의 연장으로 인해 얼마나 많은 것을 잃고 있는지 생각해 보라. 넘치는 물량을 받아 쓰느라고 순간순간 수행자의 덕이 소멸되어 간다는 사실을 똑바로 보라.

이 기회에 몇 가지 당부의 말을 전하고 싶다.

하나, 그 수행자의 집에는 아예 전기를 끌어들일 생각을 하지 말아라. 전기가 들어가면 곁들어 따라 들어가는 가전제품이 한두 가지가 아닐 것이다. 전화도 필요없어야 한다. 편리함만을 따르면 사람이 약아빠진다. 불편함을 이겨나가는 것이 곧 도 닦는 일임을 알아라.

둘, 수도를 끌어들이지 말아라. 수도가 들어가면 먹고 마시는 일이 따라가고 자연히 사람들이 모여들게 된다. 마실 물은 바로 지척에 있는 암자의 샘에서 물병으로 길어다 쓰면 될 것이다. 그 집에는 차 외에는 마실 것도 두지 말아라. 찻잔은 세 개를 넘지 않아야 한다. 많으면 그 집에 어울리지 않고 소란스러워 차의 정신인 청적淸寂에 어긋난다.

셋, 그 수행자의 거처를 '서전西殿'이라고 이름 지은 것은 위치가 암자의 서쪽에 있다는 뜻도 되지만, 부처님과 조사들의 청정한 생활규범인 서래가풍西來家風을 상징한 것이다. 그러므로 그 수행자의 집에는 여성들의 출입을 금해야 한다.

넷, 그 수행자의 집에 거처하는 사람은 반드시 새벽 세 시에 일어나고 밤 열 시 이전에는 눕지 말아라. 새벽 예불은 수도생활 중에서 가장 중요한 일과이므로 반드시 이행해야 한다.

잔소리가 길어졌구나. 그러나 요즘에는 이런 잔소리하는 사람도 점점 사라져가는 세태다. 여러가지로 불비한 여건 아래서 집 짓느라고 고생한 그 공덕은, 그 집을 의지해 정진하는 수행자에게 두고두고 회향될 것이다. 집 짓는 일은 아무나 할 수 있는 일이 아니라는 것을 나도 일찍이 경험을 통해서 알고 있다.

이상에 당부한 사항을 지키는 수행자라면 우리는 한 부처님의 제자로 같은 길을 가는 길벗이 될 것이고, 그렇지 못하면 스승과 제자 사이라 할지라도 뜻은 십만팔천 리가 될 것이다.

끝으로 옛사람의 말을 안으로 새기면서 이 사연을 마친다.

'입 안에 말이 적고, 마음에 일이 적고, 뱃속에 밥이 적어야 한다. 이 세 가지 적은 것이 있으면 신선도 될 수 있다.'

처음 세속의 집을 등지고 출가할 때 그 첫마음을 잊지 말라! 1998

파초잎에 앉아

휴가철이 되니 다시 길이 막힌다. 산과 바다를 찾아가는 차량들이 꼬리를 물고 이어진다. 더위를 피해서, 또는 자신에게 주어진 여가를 보내기 위해 모처럼 일상의 집에서 떠나온 길이다.

더위를 피할 곳이 어디이기에 이처럼 동이 트기 전부터 차량의 흐름을 이루는가. 바다와 산으로 가야만 더위를 피하고 여가를 보낼 수 있는 것일까. 사람들이 떼지어 몰려드는 곳은 어디를 가릴 것 없이 소란스럽고 지저분하다. 이제는 사람들 자신이 이 지구의 오염원으로 전락되고 있다.

농경사회에서는 따로 휴가철이 없었다. 농한기에도 농사와 관련된 일들이 끊임없이 이어지기 때문이다. 그러나 산업사회에서는 상황이 다르다. 쇠붙이로 된 기계도 때로는 정비를 위해 멈추어야 하는데, 생물인 사람이 계속해서 일에만 매달릴 수 있겠는가.

그가 하고 있는 일을 보면 그 사람을 알 수 있듯이, 그에게 주어진 여가를 어떻게 쓰고 있느냐에 의해서 또한 그 사람의 실체를 파악할 수 있다.

일을 제대로 하려면 우선 일머리를 알아야 한다. 일머리를 모르면 공연히 허둥대기만 할 뿐 일을 온전하게 치르지 못한다. 사람은 쉴 줄도 알아야 한다. 쉴 줄을 모르면 모처럼 자신에게 주어진 여분의 시간과 돈과 기운을 부질없이 소모하고 만다. 일을 배우고 익히듯이 쉬는 것도 배우고 익혀야 한다.

휴가철 산골짜기나 바닷가에는 사람들이 모였다 하면, 으레 먹고 마시고 화투판 아니면 떠들어대는 한결같은 풍경. 우리 한국인의 자질을 거듭 생각하지 않을 수 없게 한다. 모처럼 일상에서 벗어났으면서도 그 범속한 일상성을 떨쳐버리지 못한다. 자연의 품에 안겨 인간이 보다 성숙해질 수 있는 새로운 경험의 기회를 스스로 걷어차고 있다. 안타까운 일이다.

야생동물들은 쉬어간 자리를 결코 더럽히지 않는다. 이제는 사람이 짐승에게 배워야 할 때가 된 것 같다. 같은 생물이면서도 사람인 내 자신이 짐승 앞에 서기가 몹시 부끄럽게 여겨질 때가 있다.

요즘 단원檀園 김홍도의 화집을 펼쳐보는데, 여기저기서 서걱거리는 파초잎 소리가 들려오는 것 같다. 그의 그림에 〈월하취생도月下吹笙圖〉가 있다. 준수하게 생긴 젊은 사내가 파초잎을 깔고 앉아 생황笙簧을 불고 있다. 헐렁한 베잠방이 옷에 망건을 썼는데, 맨살이 드러난 두 다리를 세워 그 무릎 위에 양팔을 받치고 몸을 앞으

로 기울여 생황을 불고 있다. 그 곁에 질그릇 술병과 사발, 흰 족
자 두 개, 벼루와 먹과 붓 두 자루.

화가 자신의 방인지도 모르겠다. 단원의 활달한 글씨로 '월당처
절승용음月堂凄切勝龍吟'이란 화제가 우측 상단에 씌어 있다. 달빛
이 비쳐드는 방 안에서 생황소리는 용의 울음보다 더 처절하다는
내용이다.

내가 불일암에서 살 때 이 그림을 처음 보고 좋아서 흉내낸 일
이 있다. 여름날 산그늘이 내릴 무렵 후박나무 아래 파초잎을 하
나 베어다가 행건을 풀어 제치고 맨발로 그 위에 앉아 앞산을 바
라보고 있으니 갑자기 신선이라도 된 기분이었다. 살갗에 닿는 파
초잎의 감촉이 별스러워 삽시간에 더위가 가셨다. 우리 선인들의
더위를 식히는 풍류가 얼마나 멋스러운지 몸소 겪게 된 기회였다.

이 〈월하취생도〉에서 우리는 단원의 인품을 얼마쯤 엿볼 수 있
다. 단원의 스승으로서 어릴 때부터 그를 잘 알았던 표암 강세황
은 그의 문집에서 이렇게 기록하고 있다.

"사능士能(김홍도의 자)의 인품은 얼굴이 빼어나게 준수하고 마음
이 툭 트여 깨끗하니, 보는 사람마다 고아하고 탈속하여 시정의
용렬하고 좀스런 무리가 아님을 알 수 있다. 성품이 거문고와 피
리의 청아한 소리를 좋아하여 꽃피고 달 밝은 밤이면 때때로 한두
곡조를 연주하여 스스로 즐겼다.

그는 풍류가 호탕하여 슬프게 노래하고 싶은 생각이 나면 분개
하거나 눈물을 뿌리면서 울기도 하였다. 그의 마음은 아는 사람만
이 알고 있을 뿐이다."

김홍도의 외아들 김양기와 절친한 사이였던 조희룡(〈매화서옥도〉
로 유명)은 〈김홍도전〉에서 그 유명한 매화에 얽힌 이야기를 이와
같이 전한다.

"그는 집이 가난하여 끼니를 잇지 못하는 때가 더러 있었다. 하
루는 어떤 사람이 매화 한 분을 파는데 그 모양이 매우 기이한 것
이어서 가지고 싶었지만 그에게는 매화와 바꿀 돈이 없었다.

그러다가 마침 돈 3천 냥을 예물로 보내준 이가 있었다. 이것은
그림을 그려 달라는 사례였다. 즉시 2천 냥을 주고 매화와 바꾸고,
8백 냥으로는 술 몇 말을 사서 친구들을 모아 매화를 완상하는 술
자리를 열었다. 그리고 남은 2백 냥으로 쌀과 땔감의 밑천을 삼았
다. 그의 사람됨이 이와 같았다."

이 일화를 통해서 단원의 호방한 인품을 알 수 있다. 도량이 크
고 일상사에 거리낌이 없는 이런 성품이기에 우리 회화사에 두고
두고 빛을 발할 좋은 그림을 남길 수 있었던 것이다.

옛사람의 탈속한 그림과 이런 이야기를 대하면 삼복 더위 속에
서도 시원함을 만날 수 있다. 우리나라의 화선畵仙인 단원을 이 자
리에 모신 까닭도 여기에 있다. 1999

4

눈고장에서 또 한 번의 겨울을 나다

겨울 채비를 하며

서리가 내리고 개울가에 살얼음이 얼기 시작하면 내 오두막에도 일손이 바빠진다. 캐다가 남긴 고구마를 마저 캐서 들여야 하고, 겨울 동안 난로에 지필 장작을 골라서 추녀 밑에 따로 쌓아놓아야 한다. 장작의 길이가 길면 난로에 들어갈 수 없기 때문에 짧은 걸로 가리고 통으로 된 나무는 쪼개 놓아야 한다. 그리고 불쏘시개로 쓰기 위해 관솔이 밴 소나무 장작을 잘게 쪼개 놓는다.

산중의 겨울은 땔감만 넉넉하면 어떤 추위도 두렵지 않다. 양식이야 그때그때 날라다 먹으면 된다. 겨울 동안 수고해 줄 무쇠난로를 들기름 걸레로 닦아주고, 연통의 틈새도 은박 테이프로 감아주었다.

나는 기질적으로 미적지근한 날씨보다는 살갗이 얼얼한 쌀쌀한 날씨가 좋다. 내 삶에 긴장감이 돌기 때문이다. 팽팽하게 긴장감이 돌아야 산중에서 사는 맛이 난다.

내가 홀로 사는 이유는 누구의 도움이나 방해를 받음 없이 홀가분하게 내 식대로 지낼 수 있기 때문이다. 일이 있을 때 서너 달에 한 번 꼴로 전에 살던 암자에 내려가 이틀이나 사흘을 머물다 오는 일이 있는데, 남이 해놓은 밥을 얻어먹는 편함과 여럿이서 먹는 즐거움이 없는 것은 아니지만, 내 생활의 리듬이 느슨해지는 것 같아 사흘 이상 머물지 않는다.

홀로 사는 사람들은 자신의 삶을 스스로 끊임없이 가꾸고 챙겨야 한다. 안팎으로 자신의 현 존재를 살피고 점검해야 한다. 핸들을 잡고 차를 몰고 가듯이 방심하지 말고, 자신을 운전해 가는 것이다. 자기 나름의 투철한 삶의 질서를 지니지 않으면 그 누구를 막론하고 꼴불견이 되기 쉽고 추해진다.

살아서 움직이는 것은 늘 새롭다. 새로워지려면 묵은 생각이나 낡은 틀에 갇혀 있지 말아야 한다. 어디에건 편하게 안주하면 곰팡이가 슬고 녹이 슨다.

어느날 일 끝에 개울가에서 흙 묻은 연장을 씻다가, 끝없이 흐르는 이 개울의 근원이 어디인지 한번 찾아가보고 싶은 충동이 일었다. 신발을 바꾸어 신고 지팡이를 짚고 나섰다. 두 시간 가까이 상류로, 상류로 올라갔지만 그 흐름은 끝이 없었다. 이때 문득 이런 생각이 들었다.

'아하, 이 세계가 지地, 수水, 화火, 풍風으로 이루어졌는데 개울물의 근원을 찾아 무엇하겠는가.'

흙과 물과 불과 바람, 이 네 가지 요소로 이 몸도 이루어졌고 우리가 몸담아 사는 세상도 또한 지, 수, 화, 풍으로 이루어졌다. 이 네 가지를 떠나서 우리는 살 수 없다. 흙과 땅이 없다면 어디에 기대고 살겠는가. 물과 불 없이, 바람과 공기 없이 어떻게 살 수 있는가.

이 가을에 새삼스럽게도 흙의 은혜에 대해서 생각하게 되었다. 고랭지에서는 상품 가치가 없는 채소는 방치해 버린다. 오두막으로 올라오는 길에 배추밭이 있는데, 팔고 남은 이삭이 많아 가을 내내 뜯어다 국도 끓이고 김치도 담가 먹는다. 흙이 아니면 어디서 이런 신선한 채소를 얻을 수 있겠는가.

오르내리면서 한동안 역겨운 계분 냄새와 농약 냄새를 맡은 그 보상으로 이삭을 주워다 먹는구나 싶었다. 눈이 내려 쌓이고 강추위가 오기까지는 이삭 배추의 혜택은 계속해서 입게 될 것이다.

가을이면 습한 개울가에 진남빛 용담이 핀다. 그 뿌리가 용의 쓸개보다도 더 쓰다고 해서 용담龍膽이란 이름이 생겼다는데, 그 용을 누가 보았단 말인가. 또 그 쓸개의 맛은 누가 보았는가. 이름에는 그런 허무맹랑한 것이 더러 있다.

어쨌든 가을 야생화 중에서 용담은 산중의 귀한 꽃이다. 그런데 이 용담은 늘 입을 다문 채 있다. 활짝 피어 있는 것을 지금껏 보지 못했다. 식물도감을 보아도 대부분 봉오리로 있는 것만을 싣고 있다.

물을 길러 개울가로 갈 때마다 발치에 유난히 여린 용담이 한 그루 눈에 띄었다. 그때마다 눈여겨보면서 '잘 있었니?' 하고 안부를 묻곤 했다. 둘레에 많은 용담이 건강하게 꽃봉오리를 머금고 있는데, 그 한 그루만 외떨어져 여리게 올라와 있었다. 나는 어느 날 그 용담한테 두런두런 말을 걸었다.

'아직 네 방을 구경하지 못했는데 문 좀 열어볼래?'

그 이튿날 물을 길러 개울가에 갔더니 마침내 그 용담이 문을 열어주었다. 희고 가녀린 꽃술이 보였다. 처음으로 본 용담의 꽃술이다. 그 용담은, 그토록 가녀린 용담은 다른 용담이 자취도 없이 사라지고 난 후까지도 자리를 지키면서 나를 맞아주었다.

사람의 눈길과 따뜻한 관심이 식물의 세계와 교감할 수 있다는 것은 익히 알려진 바다. 식물학자 루터 버뱅크는 이렇게 말한 적이 있다.

'식물을 독특하게 길러내고자 할 때면 나는 무릎을 꿇고 그 식물에게 말을 건넨다. 식물에게는 20가지도 넘는 지각 능력이 있는데, 인간의 그것과 형태가 다르기 때문에 우리로서는 그들에게 그런 능력이 있는지 알지 못한다……'

나는 지난 여름 절 마당 한쪽에 버려진 덩굴식물이 눈에 띄어 그걸 주워다 화분에 심어 두었다. 최근에야 그 이름이 '싱고니움' 이란 걸 알았다. 그때는 이파리가 두 잎뿐이었는데 한 잎은 이내 시들고 말았다. 날마다 눈길을 주면서 목이 마를까 봐 물을 자주 주었다. 덩굴은 한참만에 기운을 차리고 새 줄기와 잎을 내보였다. 받침대를 세워주고 차 찌꺼기 삭힌 물을 거름삼아 주었다.

겨우 한 잎뿐이던 것이 지금은 30여 개나 되는 이파리와 두 자반이 넘는 줄기로 무성하게 자라났다. 보살핌에 대한 그 보답을 지켜보면서, 식물은 우주에 뿌리를 내린 감정이 있는 생명체라는 사실을 실감했다.

식물은 인간에게 유익한 에너지를 내보내고 있는데, 투명한 사람만이 그 에너지를 느낄 수 있다. 아메리카 인디언들은 기운이 달리면 숲속으로 들어가 두 팔을 활짝 벌린 채 소나무에 등을 기대고 그 나무의 기운을 받아들인다고 한다.

살아 있는 생명체를 가까이해야 삶에 활기가 솟는다. 식물에서 삶의 신비를 배우고 기운을 받아들이라. 1998

모두 다 사라진 것은 아닌 달에

첫눈이 내렸다.

거추장스러운 잎들을 훨훨 떨쳐 버리고 알몸을 드러낸 나무와 숲에 겨울옷을 입혀주려고 눈이 내렸다.

아메리카 인디언의 달력에 의하면 '모두 다 사라진 것이 아닌 달'인 11월. 그 11월에 들어서면 나무들은 여름과 가을철에 걸쳤던 옷을 미련없이 훨훨 벗어 버린다. 나무들이 모여서 이룬 숲은 입동立冬 무렵이면 겨울맞이 채비를 다 끝내고, 빈 가지에 내려앉을 눈의 자리를 마련해 둔다.

누가 시키거나 참견하지 않아도 스스로 알아서 물러설 줄 아는 이 오묘한 질서, 이게 바로 어김없는 자연의 조화造化다. 대립하거나 어긋남이 없이 서로 균형을 잘 이루는 우주의 조화調和다.

첫눈이 내리던 날 숲은 잠잠히 흰옷 입은 길손을 맞아들였다. 내 오두막 난로의 굴뚝도 연기를 피워 올리면서 겨울 친구를 반갑게 맞이했다.

사람들은 첫사랑을 못 잊어한다. 때묻지 않아 그만큼 순수한 마음으로 닦여진 아름다운 인정이요, 관계이기 때문이다. 그것은 초승달 같은 애틋함과 저녁 종소리 같은 여운을 지닌다. 어떤 관계는 초이틀 달일 수도 있고, 또 어떤 사이는 초사흘 달일 수도 있을 것이다. 초나흘이나 초닷새에 이르면 그만큼 애틋함과 풋풋함은 덜하고 서서히 자기 고집을 드러내어 무뎌지기 시작한다.

계절만 하더라도 처음 맞이할 때가 가장 신선하다. 초봄과 초여름과 초가을, 그리고 초겨울은 신선한 계절감을 지니고 있다. 그것이 한여름이나 한겨울, 봄과 가을이 무르녹게 되면 처음 그 산뜻했던 느낌과 분위기는 소멸되고 만다.

화엄경에, '초발심시 변성정각初發心時 便成正覺'이란 말이 있다. 최초에 한 마음을 냈을 때 곧 바른 깨달음을 이룬다. 다시 말하면, 맨 처음 먹은 그 한 생각이 마침내 깨달음을 이룬다는 뜻이다.

한 송이 꽃이 피어나면 뒤를 이어 가지마다 꽃들이 피어난다는 소식이다. 꽃이 필 때 매화가 됐건 진달래가 됐건 일시에 다 피어나는 것은 아니다. 맨 처음 꽃망울을 터뜨리고 한 송이가 피어나면 이 가지 저 가지에서 수런수런 잇따라 피어난다.

첫마음을 잊지 말아야 한다. 초지일관初志一貫, 처음 세운 뜻을 굽히지 말고 끝까지 밀고 나가야 그 뜻을 이룰 수 있다.

부끄러운 이야기지만 그대로 전할 수밖에 없다. 내 자신에게도 직접적이건 간접적이건 해당될 말이기 때문이다.

"중놈 새끼들 또 지랄이야!"

얼마 전 총무원장 선출을 두고 조계사에서 일부 승려들이 난동을 부린 장면이 신문과 방송을 통해 세상에 널리 알려졌다. 바로 그 무렵 서울 강남에 볼일이 있어 안국역에서 지하철 3호선을 타고 양재 쪽으로 가는데, 내 옆자리에서 신문을 펼쳐보던 40대 남자가 자기 친구에게 신문을 건네주면서 내뱉듯이 한 소리다.

"중놈 새끼들 또 지랄이야!"

같은 옷을 입은 나더러 들으라고 하는 소리 같았다. 귀에는 몹시 거슬렸지만, 사실이 사실인지라 잠잠히 듣고 있을 수밖에 없었다. 지랄은 지랄병의 준말로 간질을 의미한다. 간질은 한 번으로 그치지 않고 주기적으로 도지는 질병이다.

조계종 승려들의 종권을 둘러싼 난동은 이번에 처음 있는 일이 아니라 잊어버릴 만하면 주기적으로 발작을 일으키는 지랄병처럼 자주 되풀이되고 있다. 이런 사실은 국내뿐 아니라 외국에까지 널리 알려진 부끄러운 작태다.

한 신문 기사에 따르면, 조계사 대웅전 입구에서 기자를 만난 74세의 박순주 할머니는 이번 사태를 두고 이렇게 말했다고 한다.

"잿밥에만 눈이 어두운 스님들은 전체 스님들 중에서 한 줌밖에 안 되거든. 고것들을 어떻게든 쪼까내야 할 텐데……."

그 할머니의 지적대로 무슨 명분에서건 잿밥(종권)에 눈독을 들인 승려들은 소수다. 미꾸라지 몇 마리가 온 강물을 흐려 놓는 그 소수는 도대체 어떤 사람들인가. 한마디로 출가 수행자로서 일상적인 정진이 결여된 출가 정신의 부재자들이다. 절에 들어와 머리를 깎고 먹물옷은 걸쳤지만 부처님의 가르침을 제대로 배운 바도 없고 선원에서 안정된 정진의 수행도 없이 지극히 세속적인 업만을 익혀 왔을 뿐이다. 이와 같은 현상은 그들의 용모와 언어와 동작에 그대로 나타난다.

누구나 처음 입산 출가할 때는 비장한 결심으로 세속의 집을 등지고 절에 들어온다. 그러나 수도 생활이란 겉으로 보면 한가하고 편한 일 같지만 자기 자신과의 끊임없는 싸움에서 이겨내야 하는 가시밭길이다. 세속적인 자아와 출세간적인 자아와의 갈등에서 단호히 떨치고 일어나야 한다. 누가 낱낱이 참견하거나 간섭하지 않기 때문에 그만큼 타락의 함정이 여기저기에 입을 벌리고 있다.

긴말할 것 없이, 세속의 집을 등지고 나올 때의 그 첫마음을 잘 지키고 가꾸는 피나는 정진이 따르지 않으면, 그 누가 됐건 '잿밥에만 눈이 어두운 한 줌의 중'으로 전락되고 만다.

맨 처음 먹은 그 한 생각最初一念을 잊지 말아야 한다. 수행자는 날마다 새롭게 태어나는 사람이다. 새롭게 태어남이 없으면 범속한 일상사에 물들어 마침내 부패되고 만다. 이건 수행자만이 아니다. 스승과 제자, 아내와 남편, 친구 사이도 처음 만났을 때의 간절하고 살뜰했던 그 첫마음을 지키고 가꾸면서 항상 새로워져야 한다. 이것은 거저 되는 일이 아니고 끊임없는 인내와 노력이 받쳐주어야 하는 인생의 길이다.

첫마음을 잊지 말라. 그 마음을 잘 지키고 가꾸라. 1998

허균의 시비 앞에서

서쪽 창으로 비쳐드는 오후의 햇살이 아늑하고 정다운 11월. 창 밖으로 가랑잎 휘몰아 가는 바람소리가 내 손등의 살갗처럼 까슬까슬하다.

숲에 빈 가지가 늘어가고 개울가에 얼음이 얼기 시작하면 바빠진다. 아궁이와 난로에 지필 장작을 패서 처마밑에 들이고, 고추밭에 얼어서 시든 고춧대도 뽑아내야 한다. 서릿바람에 허리가 꺾여 어지러운 뜰가의 해바라깃대도 낫으로 베어내고, 밤송이를 주워다가 쥐구멍도 몇 군데 막을 일이 내 일손을 기다리고 있다. 날씨가 추워지면 들쥐들이 집 안으로 들어오려고 한다.

해가 기울어 뜰에 찬 그늘이 내릴 때 개울물 소리는 한층 시리게 들려온다. 아궁이에서 군불이 타는 동안 등잔에 기름을 채우고 램프의 등피를 닦아 둔다. 이제는 밤으로 등불이 정답게 여겨지는 계절이 되었다.

등잔의 심지를 손질하다가 남쪽으로 날아가는 기러기떼 소리를 들었다. 산에서 사는 사람들은 이맘때가 되면 감성의 줄이 팽팽하게 조여지고 귀가 아주 밝아진다. 가지에서 '뚝' 하고 나뭇잎 떨어지는 소리도 들리고 숲속에서 짐승의 푸석거리는 소리도 귀에 들어온다.

요즘 나는 등잔불 아래서 허균許筠의 〈한정록閑情錄〉을 다시 펼쳐 들고, 옛사람들이 자연과 가까이하며 조촐하게 살던 안빈낙도安貧樂道의 삶을 음미하고 있다. 몇 해 전에 이 책을 처음 읽고 나서부터 허균을 좋아하게 되었다. 우선 사나이다운 그의 기상과 독서량에 압도되었고, 임진왜란을 전후한 파란만장한 생애가 불우했던 지난 왕조사를 되돌아보게 했다. 어느 시대이고 귀재들은 현실에서 받아들여지지 않았다.

얼마 전에 허균의 유적지를 돌아보았다. 강릉에서 주문진 쪽으로 뚫린 7번 국도를 가끔 내왕하면서, 명주군(현재는 강릉시로 흡수) 사천면에서 그의 시비詩碑 안내판을 보고도 스치고 지나쳤는데 그날은 마음먹고 찾아갔었다.

시비는 왼쪽으로 멀리 동해 바다가 내다보이는 소나무 숲 언덕에 세워져 있었다. 1983년 국문학자들이 주축이 된 '전국 시가비 건립 동호회'가 주관하여 허씨 문중의 도움을 받아 세운 것으로 기록되어 있었다.

허균의 외가 애일당愛日堂이 바로 이 언덕 아래 있었다. 지금도 그 마을 이름으로 남아 있다. 허균이 1569년 여기에서 태어나 젊은 시절 꿈을 키우면서 살았고, 임진왜란 때 잠시 어머니를 모시고 머물던 곳이 또한 이곳이다. 경포대 가까운 초당 마을에 지금은 주인이 바뀌었지만 그 집안의 본가가 남아 있다.

왜란을 전후하여 허균에게는 불운이 닥친다. 20세 때 그에게 많은 영향을 끼친 둘째 형이 죽고, 그 이듬해에는 누이 난설헌이 세상을 떠난다. 24세 4월에 임진왜란이 일어나고 7월에 첫 아들을 낳았지만 피난통에 산후조리를 제대로 못해 사랑하는 부인이 스물두 살의 꽃다운 나이로 죽는다. 아이도 뒤따라 죽었다.

상처받은 사람이 찾아갈 곳이 어디겠는가. 고향땅일 수밖에 없다. 그해 가을 이곳 애일당에 내려와 어머니를 모시고 지낸다. 오대산에서 뻗어 나온 나지막한 이 산줄기가 교산蛟山인데, 허균은 이를 자신의 아호로 삼았다.

교산시비는 그의 '누실명陋室銘'이란 글에서 몇 구절 뽑아 옮겨 놓았다.(누실명의 전문은, 위대한 한국인 시리즈 중 이이화의 〈허균〉에 번역으로 실려 있는데 몇 군데 표현을 고치면 다음과 같다)

남쪽으로 두 개의 창문이 있는 손바닥만한 방 안
한낮의 햇볕 내려 쪼이니 밝고도 따뜻하다
집에 벽은 있으나 책만 그득하고
낡은 베잠방이 하나 걸친 이 몸
예전 술 심부름하던 선비와 짝이 되었네
차 반 사발 마시고 향 한 가치 피워 두고
벼슬 버리고 묻혀 살며 천지 고금을 마음대로 넘나든다

사람들은 누추한 방에서 어떻게 사나 하지만
내 둘러보니 신선 사는 곳이 바로 여기로다
마음과 몸 편안한데 누가 더럽다 하는가.
참으로 더러운 것은 몸과 명예가 썩어 버린 것
옛 현인도 지게문을 쑥대로 엮어 살았고
옛 시인도 떼담집에서 살았다네
군자가 사는 곳을 어찌 누추하다 하는가.

이 글에서도 우리는 허균의 넘치는 패기와 당당한 기개를 엿볼 수 있다. 참으로 더럽고 누추한 것은 거처에 있지 않고 몸과 이름을 함부로 파는 그 처신에 있음을 말하고 있다. 집의 가치는 그 크기나 실내장식 또는 가구 등 외형에 있는 것이 아니라, 그 안에서 사는 주인의 인품에 달린 것이다.

옛글에 '길인주처 시명당吉人住處是明堂'이란 구절이 있는데, 명당이란 산 좋고 물 좋은 좌청룡 우백호의 그런 지형이나 지세에 있지 않고, 어진 사람이 사는 그곳이 바로 명당이란 말이다. 산이 높지 않아도 신선이 살면 명산이 되고, 물이 깊지 않아도 용이 있으면 신령스러운 것이다.

옛사람들은, 특히 안으로 여문 사람들은 자신이 몸담아 사는 주거공간에 대해서 별로 마음을 쓰지 않았다. 손바닥만한 방이 됐건 됫박만한 방이 됐건 또는 게딱지 같은 집일지라도 마다하지 않고, 주어진 비좁은 공간에서 사람의 도리를 배우고 익히면서 삶을 조촐히 누릴 줄 알았다.

수십 억짜리 호화저택에 살아야만 성공한 인생으로 착각한 후예들이 있다면 이와 같은 옛 거울에 오늘의 자신을 비춰볼 수 있어야 한다. 과연 이런 집에서 살아도 양심에 거리낌이 없는가, 호화로운 저택만큼 자신의 속사람도 제대로 여물었는가.

그 시대의 귀재요, 저항아인 허균은 주변의 시기를 받아 몇 차례 탄핵을 받고 그때마다 관직에서 물러나지만 그의 신념에는 조금도 흔들림이 없다.

"내가 세상과 어긋나 죽거나 살거나 얻거나 잃거나 간에 내 마음에는 조금도 거리낌이 없습니다. 내가 오늘날 미움을 받아 여러 번 명예를 더럽혔다고 탄핵을 받았지만 내게는 한 점의 동요도 없습니다. 어찌 이런 일로 내 정신을 상하게 하겠습니까."

한 친구에게 보낸 편지의 구절이다. 그는 광해군 10년, 역모를 꾸몄다 하여 처형된다. 그의 나이 50세 때다. 허균은 두 차례나 북경에 사신으로 따라가 가재를 털어 4천 권이나 되는 많은 책을 구해온다. 그의 탐구정신과 방대한 독서량의 원천이 여기에 있다. 〈한정록〉의 서문에서 그는 이렇게 적고 있다.

"이 다음 언젠가 숲 아래에서 속세와 인연을 끊고 세상을 버린 선비를 만나게 될 때, 이 책을 꺼내어 서로 즐겨 읽는다면 내 타고난 인간의 본성을 이해하게 될 것이다." 1999

등잔에 기름을 채우고

허균이 엮은 〈한정록閑情錄〉에는 왕휘지王徽之에 대한 일화가 몇 가지 실려 있다. 중국 동진 때의 서예가로 그는 저 유명한 왕희지王羲之의 다섯째 아들이다. 그는 산음山陰에서 살았다. 밤에 큰 눈이 내렸는데 한밤중 잠에서 깨어나 창문을 열자 사방은 눈에 덮여 온통 흰빛이었다.

그는 일어나서 뜰을 거닐며 좌사左思의 '초은시招隱詩'를 외다가 갑자기 한 친구 생각이 났다. 이때 그 친구는 멀리 섬계라는 곳에 살았는데, 서둘러 작은 배를 타고 밤새 저어 가서 날이 샐 무렵 친구집 문전에 당도했다. 그러나 그는 무슨 생각에선지 친구를 부르지 않고 그 길로 돌아서고 말았다.

어떤 사람이 이상하게 여기고 그 까닭을 묻자 그는 이렇게 대답했다.

"내가 흥이 나서 친구를 찾아왔다가 흥이 다해 돌아가는데, 어찌 꼭 친구를 만나야만 하겠는가."

흥이란 즐겁고 좋아서 저절로 일어나는 감정이다. 그렇기 때문에 흥은 합리적이고 이해타산적인 득실이 아니다. 그때 그곳에서 문득 일어나는 순수한 감정이 소중할 따름이다.

매사를 합리적으로만 생각하고 손익 계산을 따지는 요즘 사람들은 눈이 내리는 날, 밤을 새워 친구를 찾아나선 그 흥겨운 기분과 마음을 삶의 향기로운 운치로 받아들일 수 있을까?

그때 만약 친구집 문을 두드려 친구와 마주하고 담소를 나누며 아침을 얻어먹고 돌아왔다면, 그 흥은 많이 줄어들고 말았을 것이다. 시와 산문의 세계가 다른 점이 바로 이런 데에 있다.

왕휘지가 서울을 떠나 시골에 있을 때다. 그전부터 환이桓伊라는 사람이 피리의 명인이라는 소문은 들었지만 서로 만나지 못했는데, 때마침 수레를 타고 둑 위로 지나가는 그를 보았다. 왕휘지는 이때 배를 타고 가던 중인데, 동료 중에 그를 아는 이가 있어 환이라고 알려주었다.

그는 사람을 시켜 서로 알고 지내기를 바라면서 피리소리를 한번 들려줄 수 없느냐고 청했다. 피리의 명인인 환이는 평소 왕휘지의 인품을 익히 들어 알고 있었다. 그는 즉시 수레에서 내려 의자에 걸터앉아 세 곡조를 불었다. 그리고 나서 급히 수레에 올라 떠나갔다.

이와 같이 나그네와 주인은 한 마디도 나누지 않았다. 피리소리를 듣고 싶어하는 이에게 피리를 들려주고, 듣고 싶었던 소리를 듣는 것으로써 두 사람 사이의 교감은 충분히 이루어질 수 있었다.

피리를 불고 나서 번거롭게 수인사를 나누지 않고 그대로 떠나
간 환이의 산뜻한 거동이 피리의 여운처럼 우리 가슴에까지 울려
온다.

전통적인 우리네 옛 서화에서는 흔히 '여백의 미'를 들고 있다.
이 여백의 미는 비록 서화에서만이 아니라 사람과 사람끼리 어울
리는 인간관계에도 해당될 것이다. 무엇이든지 넘치도록 가득가
득 채워야만 직성이 풀리는 사람들에게는 이런 여백의 미가 성에
차지 않을 것이다.

그러나 한 걸음 물러나 두루 헤아려보라. 좀 모자라고 아쉬운
이런 여백이 있기 때문에 우리의 삶에 숨통이 트일 수 있지 않겠
는가.

친구를 만나더라도 종일 치대고 나면, 만남의 신선한 기분은 어
디론지 새어나가고 서로에게 피곤과 시들함만 남게 될 것이다. 전
화를 붙들고 있는 시간이 길면 길수록 우정의 밀도가 소멸된다는
사실도 기억해 두어야 한다. 바쁜 상대방을 붙들고 미주알 고주알
아까운 시간과 기운을 부질없이 탕진하고 있다면, 그것은 이웃에
게 피해를 입히게 되고 자신의 삶을 무가치하게 낭비하고 있는 것
이다.

바람직한 인간관계에는 그리움과 아쉬움이 받쳐주어야 한다.
덜 채워진 그 여백으로 인해 보다 살뜰해질 수 있고, 그 관계는 항
상 생동감이 감돌아 오랜 세월을 두고 지속될 수 있다.

등잔에 기름을 가득 채웠더니 심지를 줄여도 자꾸만 불꽃이 올

라와 펄럭거린다. 가득 찬 것은 덜 찬 것만 못하다는 교훈을 눈앞
에서 배우고 있다. 1999

눈고장에서 또 한 번의 겨울을 나다

언젠가 아는 분이 내게 불쑥 물었다.

"스님은 강원도 그 산골에서 혼자서 무슨 재미로 사세요?"

나는 그때 아무 생각 없이 이렇게 대꾸했다.

"시냇물 길어다 차 달여 마시는 재미로 살지요."

무심히 뱉은 말이지만 이 말 속에 내 조촐한 살림살이가 함축되어 있을 것이다.

올 겨울은 눈고장에도 눈이 별로 내리지 않았다. 그 이름도 생소한 기설제祈雪祭까지 지냈다는데도 눈은 내리지 않았다. 이 고장 사람들 말로는 이런 일은 30년 이래 처음 있는 일이라고 한다. 겨울철이면 눈 치는 일이 고된 일과였는데 올해는 눈 치는 데 쓰이는 가래가 할 일이 없어, 눈 대신 개울에서 깨 놓은 얼음덩이를 치우는 데 쓰였다.

농사 짓는 사람들은 벌써부터 물 걱정이다. 눈고장에서는 겨우

내 쌓인 눈이 땅 속으로 녹아들어 가뭄을 모르는데, 올 겨울은 눈이 내리지 않았기 때문에 농업 용수가 달릴 걸 염려해서다. 우리들이 자초한 전지구적인 기상이변을 이 산중에서도 실감할 수 있다.

그래도 얼음장 밑으로 맑은 물은 흐른다. 깊은 산중이라 밤낮을 가리지 않고 끊임없이 흘러도 물은 별로 줄지 않는다. 이 물이 아니면 이 산중에서 살지 못할 걸 생각하니, 흐르는 물에 고마움을 드리지 않을 수 없다.

지금은 보기 드물어졌지만 옛 절의 부엌문에는 용과 호랑이의 그림이나 글씨가 붙어 있었다. 물과 땔감을 공급하고 주재하는 일종의 수호신이다. 흘러가는 물이지만 물을 함부로 쓰면 용이 화를 내고, 산골에 지천으로 널려 있는 땔감이라도 헤프게 쓰면 호랑이가 노한다고 믿었다. 이 땅 위에 있는 자연의 소산을 그만큼 신성시하고 아낄 줄 알았던 우리 동양인의 심성이었다.

우리가 처음 절에 들어왔던 시절만 하더라도 절에서는 시주물건에 대해 타이르는 말이 가장 많았다. 시주의 은혜를 많이 지면 내생에 그 집 소가 되어 힘든 일로 갚아야 한다는 말을 노스님들로부터 수없이 들었다. 지금 돌이켜보면 그저 겁주려고 한 말이 아니라 그 안에는 털끝만큼도 어김이 없는 무서운 인과의 도리가 들어 있다.

새로 세운 절에서 기회 있을 때마다 '가난한 절'을 내세우는 것도, 될 수 있는 한 시은施恩(시주의 은혜)을 적게 지고 살자는 뜻에서다. 수행자에게는 풍요로운 물질과 편리한 시설이 두려워해야 할 함정이기 때문이다.

풋중 시절에 구참 스님들에게서 들은 이야기인데, 사중 소임을 보는 스님들 방에는 반드시 상하로 된 등잔이 있었다. 공과 사가 분명해서 사중 일을 볼 때는 사중 등잔을 켜고, 개인 일을 볼 때는 개인 등잔을 켰다. 그런데 등잔의 위치를 사중 등잔은 하단에 놓고 개인 등잔은 상단에 놓는 것이 상례였다. 왜냐하면 기름을 붓다가 한 방울이라도 흘리면 사중 등잔에 들어가게 하기 위해서라는 것이다.

이 말을 처음 들었을 때는 기름 몇 방울 가지고 째째하게 뭐 그렇게까지 해야 할까 싶어 귓등으로 흘리고 말았다. 하지만 이것으로 등잔뿐 아니라 매사에 공과 사가 분명했고, 개인의 사물보다는 공유물을 끔찍하게 여겼던 그 정신을 알 수 있다. 이와 같은 정신으로 조선조의 갖은 박해 속에서도 오랜 세월 절이 유지되어 올 수 있었고 또한 이런 점이 청정한 승가의 정신이기도 했다.

청정한 승가 정신이 결여된 사람들이 운영하는 절은 절살림이 제대로 될 리가 없다. 누구누구라고 그 이름을 들출 것도 없이, 절 재산을 개인의 재산처럼 부당하게 소비하고 탕진한 사람들의 말로는 하나같이 비참하다. 인과의 도리가 어김없음을, 시은이 얼마나 무서운 것인가를 우리 눈앞에 보여주고 있다.

40여 년 전 해인사 학인 시절에 내가 몸소 겪은 일이다. 그 무렵에는 산중 절 어디를 막론하고 전기가 들어오기 전이라 큰방, 작은방 할 것 없이 기름 등잔을 켰다. 해가 기울기 전에 램프의 등피를 닦고 석유를 채우는 것이 해질녘 일과의 하나였다.

설 무렵에는 일과를 한 사흘 쉬기 때문에 낮에는 대개 산에 오르고 밤에는 네댓씩 뒷방에 모여 윷놀이나 성불도 놀이를 하면서 왁자지껄했다. 내가 거처하는 방에서도 학인들이 와서 윷놀이를 하고 놀았다.

그때 해인사는 청담 스님이 주지인데 종단일을 겸임하고 있어 현장에 없는 이름뿐인 부재 주지이고 실질적인 절 운영은 총무인 문성 스님이 맡아 했었다. 문성 스님은 성실한 구참 스님으로 그때 고성 옥천사 주지로 있었는데 청담 스님의 간청으로 해인사에 와 계셨다.

어느날 아침 공양 끝에 나보고 할 말이 있으니 자기 방에 좀 와 달라고 했다. 무슨 일인가 싶어 총무 스님 방으로 갔더니 그만 소임을 내놓고 가겠다고 했다. 그러면서 이런 말을 했다.

"스님까지 그럴 줄은 몰랐소. 시주가 이 산중에 기름을 올려보낼 때는, 그 등불 아래서 부지런히 정진해서 중생을 교화해 달라는 간절한 소원에서일 것이오. 그런데 그 시주의 등불 아래서 윷판을 벌이다니 말이 됩니까."

나는 그때 이 말을 듣고 정신이 번쩍 들었다. 즉석에서 그 스님 앞에 참회를 드렸다. 40여 년이 지난 지금까지도 그때 일이 어제 일처럼 생생하게 기억되고 있다. 나처럼 잘 잊어버리는 사람이 그때 그 스님 이름과 얼굴 모습을 고스란히 간직하고 있는 것도, 그날 들은 시은에 대한 경책의 말씀이 내 안에 깊이 새겨져 있기 때문일 것이다.

시은을 두려워할 줄 알아야 한다. 시주는 그가 베푸는 시물로 인해 복을 짓게 되지만, 그걸 받아 쓰는 쪽에서는 그만큼 시은의 무게를 져야 한다. 세상에 공 것은 어디에도 없다. 모두가 스스로 뿌려 스스로 거둘 뿐이다. 1999

화개동에서 햇차를 맛보다

내가 기대고 있는 이 산골은 일년 사계절 중에서 봄철이 가장 메마르고 삭막하다. 2월에서 5월에 이르기까지 산골짝에 내려 꽂히면서 회오리를 일으키는 영동 산간지방 특유의 바람 때문에 부드러운 봄기운을 느낄 수가 없다. 이 고장 사람들의 무표정하고 건조한, 때로는 무지막지한 인심이 이런 바람에 연유한 것은 아닐까 하는 생각이 들기도 한다.

주로 남쪽에서 살아온 나는, 해안선을 따라 올라오는 바닷바람에 섞인 봄기운과 산자락을 굽이굽이 휘감고 불어오는 부드러운 바람에 익숙하다. 그렇기 때문에 산골짝을 훑으며 휘젓는 거친 회오리는 낯설기만 하다. 3, 4월은 오두막을 자주 비우고 남쪽으로 떠도는 이유 또한 여기에 있다.

엊그제는 지리산 자락에 있는 다원茶園을 여기저기 어슬렁거렸다. 곡우절을 전후한 요즘이 한창 첫물 차를 딸 때다. 우리나라에서 맨 처음으로 차나무를 심고 가꾸어 온 연고지답게, 쌍계사가 있는 화개동 일대에는 근래 많은 차밭이 조성되어 있다. 40여 년 전 내가 이 골짝에서 살 때는 야생 차나무 외에 다원은 따로 없었다. 그 무렵에는 절에서 차를 마시는 스님들도 아주 드물었다. 요즘에 견주어보면 말 그대로 금석지감今昔之感이 든다.

경사진 차밭에서 삼삼오오 아주머니들이 흰수건을 쓰고 차를 따는 모습은 참으로 아름답다. 그 어떤 일보다도 보기 좋은 풍경이다. 차를 따는 그 모습이 결코 노동으로 보이지 않는다. 저만치서 바라보면 다른 세상 사람들이 차밭에 내려와 진양조 가락에 너울너울 춤을 추는 것 같다.

야생차라고 해서 다 좋을 수는 없다. 차나무도 생명체이기 때문에 생육에 따른 알맞은 토양과 기상이 받쳐주어야 제대로 된 맛과 향기와 빛을 지닐 수 있다. 세계적으로 이름난 차의 산지에 가서 보면 기온차가 심한 고지에서 생산된 차를 으뜸으로 친다.

동인도 다질링에서는 표고 9백에서 2천 4백 미터의 고지에서 차를 수확한다. 해발 8천 6백 미터의 칸첸중가 히말라야, 장엄한 설산을 배경으로 차를 따고 있는 모습은 이 세상 풍경 같지 않다. 나는 몇 해 전 그곳을 여행하면서 차 따는 풍경을 하루 종일 바라보았다. 설산 앞에서 안복眼福을 누리던 그때의 기억이 지금도 풋풋하게 간직되어 있다.

그곳에서는 주로 홍차를 만드는데, 차의 수확기간이 1년 중 약 2백 일이다. 이 가운데서 가장 뛰어난 고급차는 봄 여름 가을 중에서도 각기 10일밖에 안 되는 짧은 기간에 채취된 어린 잎으로 만

176

든다.

　뉴델리의 네타지 수바쉬 거리에 있는 '압 키 파산드Aap Ki Pasand'는 세계적으로 이름난 고급 홍차 판매점이다. 이 가게에 있는 차 감정인은 와인의 세계에서 말하는 와인 테이스터와 비교할 만하다. 이 가게에서는 고급 홍차만을 선별해 놓았는데 그 종류와 브랜드가 아주 다양해서 20여 종이나 된다.

　가게 주인이 가장 향기로운 차로 권한 '스프링 버즈Spring Buds'는 그 맛과 향기에 눈이 번쩍 띄었다. 아하, 이게 바로 히말라야의 맛이요, 향기로구나 싶었다. 내 생애 중에서 처음으로 마주친 좋은 홍차였다.

　이런 차는 아무것도 가미하지 않고 마셔야 한다. 우리가 익숙하게 마시는 향기로운 녹차에 가까운 맛이다. 뉴델리에 가면 이 가게만은 꼭 다시 들르고 싶은 그런 찻집이다.

　10년 전 처음으로 인도 대륙에 발을 딛고 두어 달 남짓 나그네 길에서 지칠 대로 지친 끝에 인도양의 진주라고 하는, 혹은 눈물방울이라고 하는 스리랑카에 갔었다. 실론티의 산지로 유명한 '누아라 에리아'는 해발 1천 5백 고지에 있다. 경사진 차밭은 잘 가꾸어진 정원처럼 아름답다. 산중턱은 거의 차밭으로 가꾸어졌는데 정상으로 올라가니 굽이굽이마다 검은 피부색을 한 여인들이 무리지어 차바구니를 메고 차를 따고 있었다. 그때 처음 본 풍경이라 두고두고 인상적이었다.

　그때 한 제다 공장에 들렀는데, 때마침 차잎을 말리는 그 구수한 차향기가 어쩌나 좋던지, 인도 평원에서 지친 심신에 생기가 돌았다. 긴 항해로 멀미를 하다가 육지에 닿아 흙향기를 맡았을 때의 그런 느낌이었다.

화개동에는 차밭만이 아니라 차와 다기를 파는 가게가 줄줄이 이어져 있다. 차 고장다운 풍물이 아닐 수 없다. 몇 군데 기웃거리면서 햇차 맛도 보고 다기 구경도 했는데, 대부분 차를 건성으로 마시는 것 같았다. 아무리 좋은 차일지라도 다루는 그 사람을 만나지 못하면 차가 그 맛을 제대로 낼 수 없다. 모처럼 마시는 귀한 햇차인데 그 맛은 한결같이 맹탕이었다.

차의 덕이 맑고 고요함淸寂에 있다면 차를 다루는 사람 또한 그런 기품을 지녀야 차맛을 제대로 낼 수 있을 것이다.

차를 마시려면 거기에 소용되는 그릇이 필요하다. 가게마다 다기들로 가득가득 쌓여 있지만 눈에 띄는 그릇을 만나지 못했다. 대부분 차를 모르는 사람들의 손으로 빚어진 그릇들이기 때문이다.

차를 마시기 위해 그릇이 있는 것이지만, 다른 한편 그릇의 아름다움이 차를 마시도록 이끌기도 한다. 그릇에서 아름다움을 찾는 것은 마음에 맑음과 고요를 구하는 것과 같다.

차를 건성으로 마시지 말라. 차밭에서 한 잎 한 잎 따서 정성을 다해 만든 그 공을 생각하며 마셔야 한다. 그래야 한잔의 차를 통해 우리 산천이 지닌 그 맛과 향기와 빛깔도 함께 음미할 수 있을 것이다. 1999

누구와 함께 자리를 같이하랴

굴뚝에서 나오는 연기가 낮게 깔리는 걸 보고 점심 공양 끝에 서둘러 비설거지를 했다. 오두막 둘레에 무성한 가시덤불과 잡목을 작년 가을에 쳐 놓았는데, 지난 봄에 단을 묶어 말려 둔 것을 나뭇간으로 옮기는 일이다. 미적미적 미루다가 몇 차례 비를 맞힐 때마다 게으름을 뉘우치곤 했었다.

내 팔과 다리가 수고해 준 덕에 말끔히 일을 마쳤다. 초겨울까지는 땔 만한 분량이다. 땀에 전 옷을 개울가에 나가 빨아서 널고, 물 데워서 목욕도 했다.

내친 김에 얼기설기 대를 엮어 만든 침상을 방 안에 들여놓았다. 여름철에는 방바닥보다는 침상에서 자는 잠이 쾌적하다. 침상은 폭 70센티미터, 길이 180센티미터, 높이 30센티미터로 내 한 몸을 겨우 받아들일 만한 크기다. 뒤척일 때마다 침상 다리가 흔들거리는 것이 마치 요람처럼 느껴져 기분이 좋다.

일을 마쳤으니 한숨 쉬기로 했다. 내가 살 만큼 살다가 숨이 멎어 굳어지면 이 침상째로 옮겨다가 화장을 하면 좋겠다는 생각을 했다. 물론 아무도 없는 데서, 제발 조용히, 벗어 버린 껍데기를 지체없이 없애주었으면 좋겠다.

잠결에 쏴 하고 앞산에 비 몰아오는 소리를 듣고 일어났다. 이제는 나뭇간에다 땔나무도 들이고 빨래줄에서 옷도 거두어들였으니, '비를 뿌리려거든 비를 뿌리소서.'

한동안 가물어 채소밭에 물을 길어다 뿌려주곤 했는데, 비가 내리니 채소들이 좋아하며 생기를 되찾겠다.

자연은 순리대로 움직인다. 사람들이 분수에 넘치는 짓만 하지 않으면, 그 순리를 거스르지만 않는다면 사람이 살아가는 데 소용되는 모든 것을 대준다. 이런 자연에 감사할 줄 알아야 한다.

한 선비가 깊은 산 속 골짜기에 사는데, 임금이 불러 소원이 무엇이냐고 그에게 물었다. 그는 이렇게 대답했다.

"내가 바라는 것은 무성한 소나무와 맑은 샘이 산중에서 사라지지 않는 것입니다."

무성한 소나무와 맑은 샘이 솟아나는 동안 그의 산중생활은 조금도 모자람이 없다는 말이다. 전해 듣기만 해도 가슴이 서늘해진다. 그 선비의 삶 자체가 청청한 소나무와 맑은 샘처럼 여겨진다.

강과 산과 바람과 달은 따로 주인이 있는 것이 아니다. 세속적인 욕심을 떠난 맑고 한가로운 사람이면 누구나 그 주인이 될 수 있다. 사물을 볼 수 있는 눈이 있고 받아들일 수 있는 가슴이 열린 사람이라면 어디서나 강산과 풍월의 주인 노릇을 할 수 있다.

내가 가끔 들르는 한 스님의 방에는 텅 빈 벽에 '與誰同坐여수동 坐'라는 편액이 걸려 있다. 까만 바탕에 흰 글씨로 음각된 이 편액 이 그 방에 들어설 때마다 말없이 반겨주는 듯하다.

"누구와 함께 자리를 같이하랴."

그 방 주인의 맑은 인품을 대변해 주는 것 같아 나는 나무판에 새긴 이 편액을 대할 때마다 미소를 머금게 된다.

옛글 하씨어림何氏語林에 보면, 사언혜謝言惠라는 사람은 함부 로 사람을 사귀지 않아 잡스런 손님이 그 집을 드나들지 않았다. 그는 혼자 차나 술잔을 들면서 이렇게 말했다고 한다.

"내 방을 드나드는 것은 오로지 맑은 바람뿐이요, 나와 마주 앉 아 대작하는 이는 밝은 달뿐이다."

청풍과 명월로써 벗을 삼았다니 아무나 가까이할 수 없는 그런 사람이었던 모양이다. 이런 사람은 우리가 그를 가까이하기보다 는 그 나름의 삶을 지켜보는 것만으로도 우리에게 청량감을 준다. 무례하게 끈적거리고 추근대는 요즘 같은 세태이기에 그런 존재 는 그 자체만으로도 이웃에게 맑은 바람과 밝은 달 구실을 하고 있다.

'누구와 함께 자리를 같이하랴'고 써 붙인 방에는 찻잔이 세 개 뿐이다. 세 사람을 넘으면 차 마실 분위기가 아니기 때문이다.

나는 이 산중에서 누구와 함께 자리를 같이하는가 스스로 물어 본다. 사람은 나 하나만으로 충분하니까 사람과 자리를 같이할 일 은 없다. 맑은 바람과 밝은 달과 흰 구름, 시냇물은 산을 이루고 있는 배경이므로 자리를 같이하고 안 하고의 문제가 아니다. 눈으로 보고 귀로 듣고 살갗으로 느끼고 가슴으로 받아들이면 된다.

처마 끝 모서리에 박새가 세 군데나 집을 지었다. 두 군데서는 새끼를 쳐서 이미 떠나갔고, 한 군데서는 아직 알을 품고 있다. 머지않아 이 둥지에서도 새끼를 쳐서 날아갈 것이다.

박새는 그 성미가 까다롭지 않아 아무데서나 알을 품는다. 겨울철에는 먹을 게 없어 모이를 뿌려주지만 여름철에는 숲에 먹이가 풍부해서 따로 먹이를 주지 않아도 된다.

박새는 가끔 오두막의 창구멍을 뚫어 놓는다. 창에 붙어 있는 벌레를 쪼느라고 그러는지 심심해서 그러는지 모르겠다. 일거리를 장만해 주지 말라고 타이르지만 말귀를 알아듣지 못한다. 그래도 부잡스런 아이들이 절에 제 엄마를 따라와 창구멍을 마구 뚫어 놓고 가는 것과는 비교될 수 없다.

산토끼가 뒤껼 다래넝쿨 아래서 산다. 어둠이 내릴 무렵이면 뜰에 나와 어정거리다가 내가 문을 열고 나가면 놀라서 저만치 달아난다. 놀라지 말라고 달래지만 길이 들지 않는다. 그러면서도 빵부스러기나 과일 껍데기를 놓아 두면 깨끗이 먹고 간다. 바위 곁에 싸 놓은 토끼똥을 보면 어린 새끼도 끼여 있다.

그 중 다람쥐는 나하고 많이 친해졌다. 헌식돌에 먹이를 놓아주면 내가 곁에 지켜 서 있는데도 피하지 않고 와서 먹는다. 밖에 나갔다가 빈집에 돌아오면 짹짹거리면서 나를 반겨준다. 기특하다.

누구와 함께 자리를 같이할 것인가. 유유상종, 살아 있는 것들은 끼리끼리 어울린다. 그러니 자리를 같이하는 그 상대가 그의 한 분신임을 알아야 한다.

당신은 누구와 함께 자리를 같이하는가. 1999

뜬구름처럼 떠도는 존재들

금년 부처님 오신 날은 파리에 있는 길상사에서 지냈다. 몇 해째 등이 달리지 않는 오두막에서 혼자서 조촐히 지내곤 했는데, 올해는 몇 군데 말빚을 갚기 위해 밖에 나가 지냈다.

절이 처음 세워질 무렵의 낯익은 얼굴은 여남은밖에 안 보이고, 대개가 새로운 얼굴들이었다. 그럴 수밖에 없는 것이 유학생과 상사직원, 외교관 가족과 현지에 정착한 교민들로 신도층을 이루고 있기 때문이다.

파리 길상사는 이제 절로서 자리를 잡아가고 있다. 초창기에는 주관하는 스님이 없어 들랑날랑하는 나그네들로 어설펐는데, 이제는 착실하게 주관하는 스님이 있고 몇몇 신도들의 꾸준한 보살핌으로 절에 훈김이 돌았다.

부처님 오신 날 행사에 참례하기 위해 먼 곳에 사는 교민들까지 찾아드는 걸 보면서, 신앙의 힘이란 도대체 무엇인가를 생각하게 되었다.

스페인의 바르셀로나에서 기차로 열두 시간이나 걸려 찾아온 부부 불자가 있었다. 집에서 가장 가까운 한국 절이 길상사인데다 아무개 스님이 온다는 소식을 듣고 부랴부랴 달려왔다고 했다. 그분들은 그날 밤 9시, 다시 열두 시간 열차를 타고 집으로 돌아갔다.

스웨덴의 스톡홀름에서 스물두 시간이나 열차를 타고 온 사람도 있었다. 30년 남짓 외국에서 산다는 그분은 모국어를 잊지 않고 있었다. 벨기에에서도 부부가 두 아이를 데리고, 온 가족이 함께 왔었다.

친부모의 슬하를 떠나 양부모 밑에서 살고 있는 입양아 10여 명이 찾아오기도 했었다. 프랑스에만 1만 5천 명 정도의 한국인 입양아가 있다고 한다. 미국 다음으로 많은 숫자다.

초파일이라고 멀리서 절을 찾아온 이런 분들의 마음이 단순히 부처님 오신 날을 기리기 위해서만은 아닐 것 같았다. 이분들에게 수천 리 길을 멀다 하지 않고 찾아들게 한 그 힘이 무엇일까 하고 나는 여행중에도 줄곧 생각하지 않을 수 없었다. 그것은 단순한 신앙심에서가 아니라 그 너머에 있는 어떤 열기 때문이다. 그것을 편리한 호칭으로 '한국혼'이라고 불러도 좋고 혹은 '김치의 기운'이라고 해도 무방할 것 같다.

줄곧 외국에서만 살아 김치 냄새라면 질색을 하던 우리 2세가 요즘에는 국수에 김치를 송송 썰어 비벼 먹는 비빔국수를 좋아하게 됐다는 그 이유가 무엇일까.

얼굴은 멀쩡한 한국 사람인데 우리말은 전혀 할 줄 모르는 그날의 입양아들이 모두가 하나같이 김치를 맛있게 먹는 이것은 또 무엇인가.

그것은 우리 한민족의 피와 살과 뼈의 일부가 이 강산에서 자란 채소를 발효시켜 만든 그런 음식물로 이루어졌기 때문이 아닐까 싶다. 한마디로 하자면, 어디에 가서 무슨 일을 하고 살건 피는 속일 수 없다는 사실이다.

그날 그 입양아들과 자리를 같이하면서 나는 종래 입양아에 대한 부정적인 생각을 많이 가실 수 있었다. 함께 온 프랑스인 아버지와 유학생 불자의 통역으로 그들과 차를 마시면서 대화를 가졌다. 남녀 합해서 10여 명인데 그 중 일곱 사람은 우리와 똑같은 얼굴 모습이고 나머지 서넛은 눈빛부터 타국인 얼굴이었다. 연령층으로는 대개 20대인데, 한두 사람을 제외하고는 모두가 밝은 표정이었다.

만약 그들이 친부모 밑에서 자랐다면 현재와 같은 밝은 표정을 지닐 수 있었을까 싶었다. 얼굴 모습이 생판 다른 아이들이 편모 슬하에서 자랐다면 이웃의 눈총 속에 많은 상처를 받았을 것은 뻔하다. 그리고 교육인들 제대로 받았을 것인가.

물론 그들의 겉에 나타난 얼굴 모습만을 보고 행, 불행을 한마디로 단정지을 수는 없지만, 다행한 것은 어둡지 않은 밝은 표정을 통해서 현재 그들의 삶이 피어나고 있음이다.

원주 스님이 미리 준비한 단주를 하나씩 손목에 걸어주었더니 다들 좋아하고, 내가 가지고 간 우리나라 절 풍경을 담은 그림 엽

서를 몇 장씩 주자 아주 반겨하면서 다들 유심히 들여다보았다.

절 마당에서 함께 기념촬영을 했었는데, 언제 어떻게들 익혔는지 셔터를 누르기 전에 몇 사람 입에서는 '김치이' 하는 소리가 새어나왔다.

무슨 인연에서인지 친부모와 살지 못하고 양부모를 만나 낯선 타국에서 살게 된 그들의 정상情狀을 생각하면 가슴이 아팠다. 자기가 낳은 자식을 키우지 못하고 눈에 보이지 않는 먼 곳으로 떠나보낸 그 어미의 마음 한구석에도 늘 그늘이 져 있을 것이다.

나는 밖에 나가 낯선 거리에 서 있을 때면, 문득 이 몸을 버리고 새 몸을 받을 때 이런 기분이 아닐까 하는 생각이 든다. 여권과 돌아올 비행기표와 몇 푼의 노자만을 지닌 빈 몸으로, 일상의 소유와 관계에서 벗어나 낯선 거리를 이리저리 어정거려 보라. 인생이란 뜬구름처럼 떠도는 나그네임을, 강물처럼 끝없이 흘러가는 그런 존재임을 실감할 수 있을 것이다.

나는 어디서 와서 어디로 가는가. 그 '나'는 또 누구인가 하고 스스로 묻지 않을 수 없다. 1998

바보의 깨달음

　전통적인 승가의 풍습에 따르면, 여름철 안거가 끝나는 마지막 날(음력 7월 15일) 수행승들은 안거중에 자신이 범한 허물을 고백하고 참회하면서 용서를 비는 의식을 행한다. 이를 자자自恣라고 한다. 그래서 안거가 끝나는 해젯날을 일명 자자일自恣日이라고도 한다.

　각자 자발적으로 대중 앞에 나서서 '만약 제 행동과 말에 비난을 살 만한 점이 있었다면 지적해 주십시오' 라고 청한다. 대중에서 아무 말이 없이 잠잠하면 허물이 없었던 것으로 여겨진다.

　지금은 어떤 절에서도 찾아보기 어려운 과거의 의식으로 희미해졌지만, 이것은 청정한 승가의 아름다운 풍습이다. 아무 탈 없이 안거를 무사히 마치면 법의 나이, 곧 수행자의 나이가 한 살 보태진다. 수행자에게 육신의 나이는 중요하지 않다. 이 법의 나이에 의해서 서열이 정해진다.

지나온 석 달을 되돌아보니 이렇다 하고 내세울 만한 것도 없이 공연히 분주하게 왔다갔다 하면서 지낸 것 같다.

거죽은 머리 깎고 먹물 옷 걸치고 부처님의 출가 제자 모습을 하고 있지만 과연 내 자신이 부처님의 가르침대로 살아왔는지 묻지 않을 수 없다.

모든 인간관계가 그렇듯이 스승과 제자 사이도 신의와 예절이 전제되어야 한다. 스승의 말과 가르침을 그대로 믿고 따를 때 그 스승의 제자가 될 수 있는 것이고, 스승 또한 제자에 대한 신뢰가 생긴다. 상호간에 신뢰가 없으면 참다운 관계는 지속될 수 없다.

부처님의 생존시 제자들은 모두가 뛰어난 사람들로 이해되기 쉽지만 자세히 살펴보면 요즘이나 마찬가지로 말썽만 부리던 무리들도 있었고 지능이 수준 이하인 제자도 있었다. 수행자는 무엇보다도 그 바탕이 순박하고 진실해야 한다. 이해타산을 따지는 영리한 사람보다는 우둔하더라도 순박하고 진실한 사람을 수행자가 될 '그릇'으로 여긴다.

부처님의 제자 중에 출라판타카周利槃特라는 스님이 있었는데, 그는 요즘 말로 하자면 철저한 돌대가리여서 넉 달이 걸려서도 게송 한 구절을 외우지 못했다. 그의 형인 마하판타카는 부지런히 정진하여 일찍이 깨달음의 경지에 이르렀었다. 그래서 아우를 출가시켰지만 너무나 우둔한 아우는 형의 기대에 미치지 못했다.

형은 온 힘을 기울여 여러가지 방법으로 아우를 가르쳤지만 전혀 진척이 없었다. 스님들도 그의 동생을 경멸하고 조롱하면서 놀림감으로 삼았다.

어느날 형은 더 이상 어떻게 해볼 수가 없어 아우에게 "너는 그만 집으로 돌아가라!" 하고 승원 밖으로 내쫓았다.

의지할 사람이라고는 형밖에 없던 그가 그 형으로부터 추방당한 것이다. 쫓겨난 아우는 풀이 죽어 승원 밖에 있는 남의 집 처마 밑에 멍하니 서 있었다. 이 광경을 지켜본 부처님이 그의 머리를 어루만지고 손을 잡고 승원 안으로 데려가셨다.

"출라판타카야, 걱정하지 말아라. 너는 나를 따라 출가했으니 내 곁에 있으면 된다."

그리고 나서 부처님은 그에게 수건을 하나 주면서 그것으로 남의 신발을 닦아주라고 일렀다.

"너는 이제 머리 아프게 게송 같은 걸 외울 필요가 없다. 다만 이 수건으로 남들의 신발을 깨끗이 닦는 일에 전념하여라."

어떤 경전에는 수건 대신 비를 주면서 마당을 쓸라고 한 것으로 전해진다. 그때의 수행자들은 신발이 없이 맨발로 다녔기 때문이다.

부처님으로부터 남의 신발을 깨끗이 닦는 일에 전념하라는 가르침을 들은 후부터 그는 아무 잡념 없이 부지런히 신발만을 닦았다. 여기에서 그는 문득 깨닫게 된다. '사람의 마음처럼 더러워지기 쉬운 것은 없다. 그러니 무엇보다도 먼저 마음을 맑히는 일에 전념하지 않으면 안 되겠구나.' 아무 잡념도 없이 정성을 다해 남의 더러운 신발을 닦는 과정에서 그의 마음이 정화된 것이다.

〈테라가타長老偈經〉에는 이때의 상황을 다음과 같이 서술하고
있다.

　　나는 스승의 말씀을 듣고,
　　이를 깊이 마음속에 간직한 채
　　최상의 도리를 깨닫기 위해
　　마음을 한곳으로 모았다.
　　나는 마침내 전생 일을 깨달았다.
　　천안天眼을 얻었다.
　　세 가지 명지明知를 체득하였다.
　　부처님의 가르침은 실현되었다.

　그는 깨달음의 환희를 누리면서 망고나무 숲속에 앉아 있었다.
부처님은 시자를 보내어 공양시간이 됐음을 알려주었다.
　그에게는 신통력이 생겨 공중으로 뛰어올라 스승 곁에 이르렀
다. 스승의 발에 예배 드린 뒤 한쪽에 가서 앉았다. 스승은 곧 그
의 깨달음을 인정하셨다.
　깨달음에 이르는 길은 이와 같이 단순하다. 기억력이 모자란 사
람은 경전의 내용을 머리에 담으려고 애쓸 게 아니라, 단순한 일
에 일념으로 몰입하면 마침내 궁극의 경지에 이를 수 있다. 깨달
음에 이르는 길에 영리함은 도리어 장애가 된다. 그 영리함 때문
에 그는 한곳에 몰입을 못한다.
　깨달음은 수행자의 세계에만 있는 것이 아니다. 가정에서건 직

장에서건 게으름 피우지 않고 자신이 하는 일에 일념으로 매진하면 그 일을 통해서 지혜의 눈이 열려 근원에 도달할 수 있다.

'바보돌대가리'인 한 수행자가 깨달음에 이를 수 있었던 것은, 스승의 가르침을 그대로 믿고 따른 그의 순박하고 진실한 성품의 덕이다. 그래서 경전에서는 순박하고 진실한 마음이 곧 도의 터전 道場이라고 한 것이다. 1999

다산 초당에서

　남도에 내려간 김에 강진 만덕산 기슭에 있는 다산 초당茶山草堂에 들렀다. 나는 지금까지 이곳을 열 번도 더 넘게 찾았다. 세상일이 답답할 때면 문득 다산 선생 같은 이 땅의 옛 어른이 그리워진다. 꿋꿋한 기상으로 시대의 어둠을 헤쳐나간 그 자취가 그립기 때문이다.

　아랫마을 귤동의 매화는 벌써 져서 자취도 없이 사라지고, 백련사 동백숲의 동백꽃은 낙화로 처연히 땅을 덮고 있었다. 왕조시절 다산이 이곳에서 유배생활을 했다는 사실이 나그네의 발길을 끌어들이고 있다.

　다산 정약용 선생은 18년의 유배생활 중 이곳에서 10여 년을 외롭게 지내면서 5백여 권이나 되는 불후의 저술들을 남겼다. 초당을 중심으로 동암東庵과 서암西庵이 있는데, 동암에는 선생이 기거하고 서암에는 배우는 제자들이 살았던 것으로 전해진다. 2백

193

년 전에는 구강포 앞바다가 훤히 내다보였을 듯싶은데 지금은 삼나무와 잡목이 울창하여 앞을 가리고 있다.

이곳 동암에서 두 아들에게 띄워 보낸 '유배지의 편지'를 이번에 가지고 가서 그곳 마루에 걸터앉아 읽은 감회는 뭐라 말로 형용하기 어려웠다. 인도의 불교 유적지를 순례하면서 불타 석가모니가 기원정사와 죽림정사에서 설법했던 그 경전을 그 현장에 가지고 가서 독송했을 때의 절절한 그런 감흥이었다.

아버지는 유배생활 10년째 되는 해 가을에 두 아들에게 이런 사연을 띄운다.

'나는 논밭을 너희들에게 남겨줄 만한 벼슬을 못했으니 오직 두 글자의 신비로운 부적을 주겠다. 그러니 너희는 이것을 소홀히 여기지 말아라.'

이와 같이 당부하면서, 한 글자는 '근勤'이고 또 한 글자는 '검儉'이다. 부지런함과 검소함, 이 두 글자는 좋은 논밭이나 기름진 토지보다 나은 것이니 평생을 두고 필요한 곳에 쓴다 할지라도 다 쓰지 못할 것이라고 했다.

그러면 부지런함이란 무엇을 말하는가.

오늘 할 수 있는 일을 내일로 미루지 말며, 아침에 할 일을 저녁 때까지 미루지 말라.

맑은 날에 해야 할 일을 비 오는 날까지 끌지 말며, 비 오는 날에 해야 할 일을 날이 갤 때까지 늦추어서는 안 된다.

집안 식구들이 한 사람도 놀고 먹는 사람이 없게 하고, 한순간도 게으름이 없는 것을 부지런함이라 한다.

또 검소함이란 무엇인가.

한 벌의 옷을 만들 때마다 이 옷을 먼 훗날까지 입을 수 있는지 헤아려보라. 가는 베로 만들면 머지않아 해지고 말 테니 질박한 천으로 만들어 입으라.

음식도 목숨을 이어가면 그것으로 족한 줄 알거라. 맛있고 기름진 음식을 탐하면 결국 변소에 가서 대변 보는 일에 정력을 소모할 뿐이다.

이와 같은 생각은 당장의 어려운 생활조건을 극복하는 일시적인 방편이 아니라, 여유있는 가정일지라도 집안을 다스리고 몸을 바르게 하는 항구적인 생활규범이다. 그러니 가슴 깊이 새겨두라고 거듭 당부한다.

실학자 성호 이익星湖 李瀷은 몹시 가난하여 식구는 많은데 가을걷이가 겨우 열두 섬뿐이었다. 그는 이것을 12등분하여 그달치 식량이 떨어져 가면 죽을 끓이도록 하고 새달 초하루가 되어야 비로소 창고 속의 곡식을 꺼내 오도록 했다. 아무리 어렵더라도 다음 달 양식에는 손을 대지 않았다.

우리 옛 어른들은 생활고를 이와 같은 정신으로 이겨냈다. 하늘은 게으른 것을 싫어하므로 게으른 사람에게는 복을 내리지 않는다. 하늘은 또 사치스러운 것을 싫어하므로 사치하는 자에게는 도움을 주지 않는다. 게으름과 사치는 버려야 할 악덕이고, 부지런함과 검소함은 익혀야 할 미덕이다.

지금이 어느 때인가. 나라 전체가 온통 국제통화기금의 시퍼런

칼날 위에 서 있다. 부지런하고 검소하게 살면서 하루 빨리 위태
롭고 굴욕스러운 칼날 위에서 벗어나야 한다. 1998

5

새 오두막으로 거처를 옮기다

가을에는 차맛이 새롭다

늦더위가 기승을 부리더니 가을 기운에 밀려갔다. 요즘 산중의
가을 날씨는 '이밖에 무엇을 더 구하랴' 싶게 산뜻하고 쾌적하다.
가을 날씨는 자꾸만 사람을 밖으로 불러낸다.

산자락에는 들꽃이 한창이다. 노란 좁쌀알 같은 꽃을 달고 하늘
거리던 마타리가 한 고비 지나자, 개울가 습한 곳에는 용담이 보
라빛 꽃망울을 잔뜩 머금고 있다. 밭머리에 무리지어 핀 구절초와
야생 당귀꽃도 가을꽃 중에서는 볼 만하다. 개울가에서 당귀꽃 사
이로 보이는 오두막은 산울림 영감이 사는 그런 집 같다.

올 가을은 산에 열매가 많이 맺혔다. 돌배나무 가지마다 열매가
너무 많이 달려 가지들이 처져 있다. 밤 사이 돌배가 수두룩이 떨
어져 있다. 마을에서는 이것으로 술을 담근다고 하는데, 나는 쓸
일이 없어 나무 아래서 그 향기만을 맡고 다람쥐들이 주워먹는다.
다람쥐가 앞발로 돌배를 들고 야금야금 먹는 모습은 참으로 귀엽

고 사랑스럽다.

다래도 예년에 볼 수 없을 만큼 넝쿨마다 주렁주렁 열렸다. 서리가 내리면 맛이 들 텐데 짐승들이 먹고 남기면 얼마쯤 내 차지도 될 것이다. 뒤곁에 있는 산자두도 풍년을 맞는데 밖에 나갔다가 며칠만에 돌아왔더니 비바람에 죄다 떨어져 삭고 말았다. 그 열매의 향기로 온 산중의 벌떼들이 모여들어 붕붕거렸다.

땅은 사람들에게 말할 수 없이 짓밟히고 허물리면서도 철따라 꽃을 피우고 열매를 맺어 사람들의 눈을 즐겁게 하고 먹을 것을 만들어내는가 싶으니 그 모성적인 대지에 엎드려 사죄를 하고 싶다.

가을은 차맛이 새롭다. 고온 다습한 무더운 여름철에는 차맛이 제대로 안 난다. 여름이 가고 맑은 바람이 불어와 만물이 생기를 되찾을 때 차향기 또한 새롭다.

계절이 바뀌면 옷을 갈아입듯이, 다기茶器도 바꾸어 쓰면 새롭다. 여름철에는 백자가 산뜻해서 좋고 여름이 지나면 분청사기나 갈색 계통의 그릇이 포근하다. 여름철에는 넉넉한 그릇이 시원스럽고, 가을이나 겨울철에는 좀 작은 것이 정겹다.

무더운 여름철에 발효된 차는 그 맛이 텁텁하고 빛이 탁해서 별로지만, 가을밤 이슥해서 목이 마를 때 발효된 차는 긴장감이 없어 마실 만하다.

녹차는 두 번 우리고 나면 세번째 차는 그 맛과 향이 떨어진다. 홀로 마실 때 내 개인적인 습관은 두 잔만 마시고 자리에서 일어난다. 밖에 나가 어정거리면서 가벼운 일을 하다가 돌아와 식은 물로 세번째 차를 마시면 앉은 자리에서 잇따라 마실 때보다 그 맛이 새롭다.

애써 만든 그 공과 정성을 생각하면 두 번 마시고 버리기는 너무 아깝다. 그렇다고 해서 앉은 자리에서 세 잔을 연거푸 마시면 한두 잔 마실 때의 그 맛과 향기마저 반납해야 한다.

차의 분량은 물론 찻잔의 크기 나름이지만 찻잔의 반을 넘지 않는 것이 부담스럽지 않다. 찻잔에 가득 차도록 부으면 그 차맛을 느끼기 전에 배가 부르다. 이런 차에는 차의 진미가 깃들일 수 없다. 차를 따르는 사람의 마음이 차의 품위에서 벗어난 것이다.

차를 마실 때는 모든 일손에서 벗어나 우선 마음이 한가해야 한다. 그리고 차만 마시고 일어나면 진정한 차맛을 알 수 없다. 차분한 마음으로 다기를 매만지고, 차의 빛깔과 향기를 음미하면서 다실의 분위기도 함께 즐겨야 한다.

차를 마시면서 나누는 이야기는 정치나 돈에 대한 것말고 차에 어울리도록 맑고 향기로운 내용이어야 한다. 차를 마시면서 큰소리로 세상일에 참견하거나 남의 흉을 보는 것은 차에 결례이다.

지난 여름 연꽃차를 마신 이야기를 해야겠다. 연꽃은 날씨에 따라 개화 시간에 약간의 차이가 있지만, 맑게 개인 날은 아침 6시쯤에서 꽃이 문을 열고 저녁 5시 무렵이면 문을 닫는다. 꽃이 피었다가 오므라든다는 표현이다.

연꽃은 나흘 동안 피는데 이틀째 피어날 때의 향기가 절정이라고 한다. 이틀째 피어난 꽃에 주로 벌들이 모여든다. 연꽃차는 이틀째 핀 연꽃이 오므라들 때 한두 잔 마실 정도의 차를 봉지에 싸서 노란 꽃술에 넣어 둔다. 이때 너무 많이 넣으면 그 무게를 못 이겨 꽃대가 꺾인다. 하룻밤이 지난 다음날 아침 꽃이 문을 열기를 기다려 차 봉지를 꺼내어 차를 우려 마시면 연꽃차만이 지닌 황홀한 향취와 마주치게 된다.

이때 보통 차처럼 끓인 물을 식혀서 우리는 것보다는 차디찬 물로 차를 우리면 연못가에서 듣던 바로 그 향기를 음미할 수 있다.

또 한 가지는 꽃한테는 너무 잔인한 방법이고 차의 정신에도 어긋나지만, 이틀째 개화한 꽃을 따서 그 안에 차를 한움큼 넣고 비닐로 싸서 냉동실에 보관해 두었다가 그때그때 꺼내 쓰면 된다고 한다. 옛 도반한테서 들은 이야기인데, 나로서는 권할 만한 일이 못 된다. 1년을 두고 단 한 번 피어난 꽃이 너무 애처롭지 않은가.

차의 진정한 운치는 담박하고 검소한 데 있다. 그릇이 지나치게 호사스러우면 차의 운치를 잃는다. 차의 원숙한 경지는 번거로운 형식이나 값비싼 그릇으로부터 해방되어야 한다. 그릇에 너무 집착하면 담박하고 검소한 차의 진미를 잃게 된다.

맑은 바람 속에 맑은 차를 마시면서 맑은 정신을 지니자고 한 소리다. 글쓰는 숙제를 마쳤으니 차나 한잔 마실까. 1998

내 오두막의 가을걷이

내 오두막에 가을걷이도 이미 끝났다. 가을걷이래야 고추 따고 그 잎을 훑어내고 감자와 고구마를 캐고 호박을 거두어들이는 일이다. 옥수수는 다람쥐들이 벌써 추수를 해 버렸고 해바라기도 나는 꽃만 보고 씨는 다람쥐들의 차지가 되었다.

개울가에 살얼음이 얼기 시작하면서 곱게 물들었던 나뭇잎도 서릿바람에 우수수 무너져 내린다. 빈 가지가 늘어나면 겨울철 땔감을 마련해야 한다.

지난 여름에 실어다 놓은 통장작을 패는 일에 요즘 나는 재미를 붙이고 있다. 나무의 결을 찾아 도끼를 한두 번 내리치면 쩍쩍 갈라진다. 질긴 소나무와는 달리 참나무는 그 성질이 곧아서 정통으로 맞으면 시원스럽게 빠개진다. 일에 재미가 붙으면 쉴 줄도 모르고 지칠 때까지 매달리는 성미라, 일손을 멈추고 며칠 동안 밖으로 나돌아다녔다.

들녘에서는 요즘 벼베기가 한창이다. 제천 백운면 평동 마을 박달재 아래 장환이네도 내가 가던 날 벼를 거두어들이고 있었다. 예전에는 논에 엎드려 낫으로 한 포기씩 베느라고 허리가 휘고 눈알이 빠지려고 했는데, 요즘에는 콤바인이 탈곡해서 포대에 담아주기까지 한다. 1천 3백 평 논에서 거두어들이는 데 한 시간 남짓밖에 걸리지 않았다. 실로 격세지감을 느끼지 않을 수 없었다.

화가인 장환이네 아버지와 논두렁에서 이삭을 주우면서 그 집 농사짓는 이야기를 들어보았다. 농약이나 화학비료는 전혀 쓰지 않고 퇴비만을 주는데, 처음 몇 해는 소출이 시원치 않았지만 지력이 점점 회복되면서 나아져 갔단다. 금년에는 시험 삼아 무논에 우렁이를 길렀더니 우렁이가 잡초를 제거해 주어 김맬 일이 없었다고 한다. 올 농사가 가장 실하게 됐다면서 더 겪어보고 이웃에도 널리 권할 생각이라고 했다. 화가는 낮은 목소리로 말했다.

"사람들은 살기 편해졌고 물질적으로도 풍요로우며, 아는 것도 많고 똑똑한 인물들도 많은데 어째서 날이 갈수록 세상은 나빠져 가는지 알 수가 없군요."

그날 논두렁에서 나눈 이 말이 생각의 실마리를 풀리게 했다. 세상은 우리들 마음이 밖으로 나타난 모습이다. 기氣는 우주에 가득 찬 에너지인데, 그것은 우리가 믿는 마음에서 나온다. 신념에서 나온 그 기운이 우리 몸과 세상에 변화를 일으킨다. 우리들의 생각이나 감정은 진동수를 지닌 파동이며 에너지가 있는 물질입자라고 현대 물리학에서는 말한다.

우리들이 바른 생각과 바른 마음을 지니면 그 파동이 이웃에 밝

은 진동을 일으킨다. 그러나 나쁜 생각을 하면 어두운 진동을 일
으키며 둘레를 나쁘게 만든다. 불교적인 표현을 빌리자면 업業의
메아리와 같은 것이다.

우리들 한 사람 한 사람은 커다란 생명의 뿌리에서 나누어진 지
체들이다. 그런데 이기적인 생각에 갇혀 생명의 신비인 그 '마음'
을 나누지 않기 때문에, 우주에 가득 찬 그 에너지가 흐르지 않고
막혀 있어 세상은 병들어 가는 것이다.

오늘과 같은 세상은 우리들 자신이 만들어 놓은 결과다. 우리가
어떤 마음과 어떤 생각을 가지느냐에 따라 세상은 얼마든지 달라
질 수 있다. 현대인들은 자신들의 마음과 생각을 돌이키려 하지
않고 밖으로만 찾아 헤매기 때문에 세상은 점점 나빠져 갈 수밖에
없다. 오늘 우리들은 절제하고 자제할 줄을 모른다. 그래서 더욱
불행하다.

절의 객실에 묵으면서 지난 주말 텔레비전에서〈죽은 시인의 사
회〉를 다시 보았다. 역시 좋은 영화다. 교육의 본질이 어디에 있는
가를 통감하게 한다. 미국에서 최고 가는 대학진학 예비 학교의
교훈은 '전통' '명예' '규율' '최고'이다. 언뜻 들으면 그럴듯하지
만, 자세히 살펴보면 그 네 가지 교훈이 얼마나 비인간적이고 두
려움을 지니게 하는지 소름이 끼친다. 개인의 취향과 창의력을 무
시한 획일적인 숨막히는 분위기에서 어떻게 지혜와 사랑과 덕성
이 길러질 것인가.

교육이 할 일은 배우는 사람들이 온갖 두려움에서 자유로울 수
있도록 도와주는 일로부터 시작되어야 한다. 그래서 그 개인이 지

닌 특성이 마음껏 꽃을 피워 세상에 향기로운 파동을 일으키도록 해야 한다. 진짜 시를 가르쳐 보인 존 키팅 같은 교사가 우리에게는 아쉽다.

이 땅에서 행해지고 있는 교육은 서로 도와 가면서 함께 배우기보다는, 남을 짓밟고라도 앞서도록 하는 경쟁심만을 잔뜩 부추긴다. 목적을 위해서라면 수단과 방법을 가리지 않는 비정한 교육이다. 요즘 정치꾼들의 비열하고 추악한 행태도 이런 그릇된 사고에서 파생된 것이 아닌지 모르겠다. 막혀 있는 기운이 흐르도록 해야 한다.

묵묵한 대지에, 말없는 민심에 귀를 기울일 줄 알아야 한다. 우리는 정치꾼들의 '말잔치'에 귀가 아프고 멀미가 날 지경이다.

가을 들녘에 서면, 이 땅의 한숨 소리가 들려온다. 열린 귀로 그 한숨 소리를 들어보라. 1997

어느 독자의 편지

출판사로 보내온 독자들의 편지를 들추어보면서, 새삼스레 사람과 사람 사이에 맺어진 우정에 대해서 생각해 볼 기회를 가졌다. 요즘처럼 이기적이고 삭막한 세상에서는 친구 사이의 정이 더욱 귀하고 절실하다. 우정은 인간의 정 중에서도 가장 순수한 감정이다. 무릇 인간관계가 아름답고 진실하게 지속되려면 거기에는 순수한 우정이 받쳐주어야 한다.

고등학교 2학년에 재학중인 열여덟 살 소녀의 편지를 받아보고 그 내용이 너무 기특하고 착해서 이 자리에서 함께 나누어보려고 한다.

"……오늘, 스님 책을 읽었는데요. 책 읽던 도중에도 몇 번이나 편지를 쓰려고 했는데, '다 읽고 나서 쓰자' 해서 지금 쓰는 거예요."

그 학생은 방학중인데도 보충수업을 받는다고 했다. 보충수업의 실상을 전해 듣고, 이 땅의 어린 싹들이 잘못된 교육 때문에 얼마나 큰 희생과 고통을 겪고 있는지 엿볼 수 있었다.

"……말이 보충수업이지 아침 7시 20분 등교, 밤 9시 35분 하교는 평소와 다름없어요. 그래도 방학하고 일주일이나 쉬게 해주었으니 그게 어디예요. 3학년 선배들은 3일밖에 못 쉬었어요.

대입시험이 100일 조금 더 남았거든요.(이 편지를 쓴 시기가 7월이다) 8월 10일이 D−100일인데 그때부터 죽음의 카운트 다운이 시작되는 거죠."

편지의 내용으로 보아 그는 자기 반 47명 중에서 상위권에 드는 것 같다. 자신의 삶은 매일 반복되는 현실에 짜증내고 다른 사람을 미워하고 쓸데없는 일로 화내고 고민하는 것의 연속이라고 털어놓았다. 그러면서 내일은 학교에 가기 싫다고 했다.

"……스님은 저희 학교가 어떤 곳인지 상상도 못하실 거예요. 나는 문과인데 20개 과목을 하루 9교시 수업, 2시간의 특강, 3시간의 자율학습으로 받고 있어요. 매달 한 과목 시험 시간이 90분, 120분인 수능 모의고사를 치러야 하고, 자율학습이라는 명목 아래 강제 타율학습으로 행해지고 있는 시간에 튀었다가는('튄다'는 말은 집에 간다는 은어인 모양이다) 다음날 죽기 직전까지 맞게 돼요. 아침 7시 20분까지 등교인데 조금만 늦으면 얻어맞고, 내려진 셔터(출입구가 셔터로 되었다고 한다) 밑으로 기어 들어가야 돼요.

선생님들은 단순한 지식을 가르치는 기계이고 '너희들을 위해서'라며 학생들을 무자비하게 다뤄요. 옆에 있는 친구들은 적일 뿐이고 학교는 전쟁터예요. 아무리 아파도 조퇴는 안 돼요. 죽는 그날까지 오로지 대학 합격을 위해 전진 또 전진만 있을 뿐이죠."

그는 답답해 미칠 것 같다고 하면서 더 속상한 것은, 이런 상황을 아무 말 없이 받아들이고 적응해 가는 자신의 무기력하고 바보 같은 모습이라고 했다.

이런 교육여건 아래서 아이들이 투신자살하거나 정신이상이 되지 않는 것만도 다행이라고 자위하기에는 이 땅의 교육이 너무도 비인간적이고 비교육적인 점에 개탄하지 않을 수 없다.

고2짜리인 그는 자신을 '왕따'라고 한다. 왕따란 따돌림을 당하는 사람이라는 자기네 속어라고 한다. 이런 상황 속에서도 한 친구를 생각하면 즐거워진다고 했다. '그 애 생각을 하면 전 살고 싶어요'라고 할 만큼 사랑하는 친구다. 자기네가 남쪽으로 이사를 오는 바람에 지금은 멀리 떨어져 지낸다. 그 친구는 중1 때 사귀었는데 1년 반을 함께 지내고 3년이나 떨어져 있지만 항상 같이 있는 거나 다름없이 서로 소식이 오고가는 모양이다.

최근에 친구네 형편이 안 좋아 많이 울고 가슴 아파한다. 직장에서 실직 바람이 불기 시작할 때 친구네 아버지는 제일 먼저 해고를 당했다. 정신이 좀 부실한 것 같다고 했다. 어머니도 공장에 다니는데 척추 장애자라고 한다. 이런 가정환경인데도 친구는 성격이 명랑하고 공부도 잘한다고 했다.

그는 그 친구를 위해서 자기 엄마 아빠도 모르는 일 하나를 혼자서 은밀히 꾸미고 있다. 친구의 몫으로 통장을 하나 만든 것이다. 학교 안에 있는 농협출장소에서 만든 통장인데 지금은 얼마

되지 않지만 고등학교 졸업 때까지는 꼭 1백만 원을 만들겠다고 한다.

"……학교에서 점심과 저녁밥을 다 먹는데 점심은 도시락 싸 가고 저녁 밥값으로 엄마가 매일 2천 원 정도를 주셔요. 3백 원짜리 빵 하나 먹고 1백 원짜리 요구르트를 마시면 그 남는 돈은 매일 저금해요."

빵 한 개와 요구르트로 저녁을 때우고 친구를 돕기 위해 나머지 돈을 저금한다는 그 착하고 기특한 마음씨에 콧잔등이 찡했다.

그는 〈산에는 꽃이 피네〉를 다 읽고 나면 그 책을 친구에게 보내주려고 행여 구겨질까 봐 읽을 때에도 활짝 펼치지 않고 30°각도로만 펴서 읽었다고 했다.

나는 번거로운 왕래를 싫어하고 게을러서 독자의 편지에 대해서 답장을 거의 안 하는 편이다. 그런데 이 학생의 편지를 받아보고는 즉시 회신을 보냈다. 책을 한 권 서명해 보내면서 이 책은 마음 놓고 180°각도로 활짝 펼쳐 놓고 읽으라고 했다. 그리고 너와 나, 둘이만 마음속에 담아두자고 하면서 한 가지 약속을 해두었다. 그 친구를 돕기 위해.

요즘처럼 약삭빠른 세태에, 더구나 '학교 지옥'에서 말할 수 없이 시달리고 부대끼면서도 친구를 위해 세심하게 마음 쓴, 그토록 순수하고 아름다운 어린 소녀의 우정 앞에 엎드려 절하고 싶은 심정이다. 그는 자나깨나 친구 걱정이다. 친구를 사랑하는 그 순수하고 지극한 마음으로 인해, 학교에서 받는 억압과 고통을 이겨내고 있는 것 같다.

　우리들이 지나온 생애의 과정에도 한때는 그와 같은 순수한 우정이 있었을 것이다. 그러나 지금은 얼마나 무디어지고 건조해지고 삭막해졌는가. 육신은 비록 세월의 풍상에 씻겨 구겨졌을지라도 젊은 날에 지녔던 순수한 그 우정을 잃지 않고 꾸준히 가꾸고 있는 이가 있다면, 그는 우리가 부러워하고 우러러야 할 행복한 사람이다. 그런 사람은 자신이 가꾼 삶의 서늘한 그늘을 메마른 이웃의 뜰에 내려주고 있기 때문이다.　1998

이 가을에는 행복해지고 싶네

구름은 희고
산은 푸르며
시냇물은 흐르고
바위는 서 있다.
꽃은 새소리에 피어나고
골짜기는 나무꾼의 노래에 메아리친다.
온갖 자연은 이렇듯 스스로 고요한데
사람의 마음만 공연히 소란스럽구나.

〈소창청기小窓淸記〉라는 옛책에 실려 있는 구절이다. 자연은 저마다 있을 자리에 있으면서 서로 조화를 이루기 때문에 고요하고 평화롭다. 그러나 사람들은 제자리를 지키지 않고 분수 밖의 욕심을 부리기 때문에 마음 편할 날이 없고 그들이 몸담아 사는 세상 또한 소란스럽다.

세상이 시끄럽다는 것은 세상 그 자체가 시끄러운 것이 아니라, 그 안에 사는 사람과 그들이 하는 일, 즉 인간사가 시끄럽다는 뜻이다.

만나는 사람마다 이 가을에는 좀 행복해졌으면 하고 바란다. 이런 말을 들으니 나도 행복해지고 싶다. 행복해지고 싶어하는 마음은 현재의 삶이 행복하지 못하기 때문이다. 부패하고 뻔뻔스런 이 땅의 정치집단 때문에 무고한 국민이 얼마나 큰 상처와 부담을 안고 있는지 생각할수록 화가 난다.

국민이 피땀 흘려 벌어서 바친 세금으로 살면서, 국민의 위임을 받아 자신들의 손으로 만든 법을 자신들이 몸소 어기고 범했으면서 그 벌을 피하려고 한다. 힘없는 사람들만 법의 그물에 걸린다면 사회정의란 무엇인가. 오늘날 인간의 윤리와 사회의 규범이 무너질 대로 무너진 그 요인도 이런 비리에 있다. 부정부패의 온상인 정치권의 근본적인 개혁 없이 이 나라의 미래가 밝을 수 있겠는가.

이 가을에는 다들 행복해지고 싶어한다. 기승을 부리던 늦더위도 물러가고 산뜻한 가을하늘 아래서, 어깨를 활짝 펴고 숨을 크게 쉬면서 마주치는 이웃들에게 들꽃 같은 미소를 보내면서 행복하게 살고 싶어한다.

돌이켜보면 행복의 조건은 여기저기 무수히 놓여 있다. 먹고 사는 일상적인 일에 매달려 정신을 빼앗기고 지내느라고 참된 자기의 모습을 까맣게 잊어버렸다. 우리가 이 풍진 세상을 무엇 때문에 사는지, 어떻게 사는 것이 내 몫의 삶인지를 망각한 채 하루하루를 덧없이 흘려보냈다.

내가 행복해지고 싶다면 이것저것 챙기면서 거두어들이는 일을 우선 멈추어야 한다. 지금 차지하고 있는 것과 지닌 것만으로도 얼마든지 행복해질 수 있다.

행복은 밖에서 오는 것이 아니라 우리 마음에서 꽃처럼 피어난다. 내가 행복해지려면 먼저 내 이웃을 행복하게 해줘야 한다. 이웃과 나는 한 배를 탄 공동운명체이기 때문에 이웃의 행복이 곧 내 행복으로 이어진다.

소원했던 친구에게 이 가을날 편지를 쓴다든지 전화를 걸어 정다운 목소리로 안부를 묻는 일은 돈 드는 일이 아니다. 모든 것을 돈으로만 따지려는 각박한 세태이기 때문에, 돈보다 더 귀하고 소중한 따뜻한 마음을 나누는 일이 행복해지는 비결이다.

구름은 희고 산은 푸르며 시냇물은 흐르고 바위는 서 있듯, 친구 또한 그곳에 그렇게 있지 않은가.

가을밤이면 별빛이 영롱하다. 도시에서는 별 볼 일이 없을 테니 방 안에 별빛을 초대하면 어떨까 싶다. 사람마다 취향이 달라 아무나 그렇게 할 수는 없겠지만 주거공간에서 혼자만의 자유를 누릴 수 있는 여건이라면, 시끄러운 텔레비전 스위치를 잠시 끄고 전등불도 좀 쉬게 하고, 안전한 장소에 촛불이나 등잔불을 켜보라고 권하고 싶다.

아무 생각 없이 한때나마 촛불이나 등잔을 무심히 바라보고 있으면 마음이 아주 고요하고 그윽해질 것이다.

이런 일을 청승맞다고 생각하면 이 또한 어쩔 수 없지만, 빛과 소리가 우리 심성에 어떤 영향을 끼치는지 스스로 깨닫게 될 것이다. 이것도 행복해지는 작은 비결이다.

  옛사람들은 행복의 조건으로 검소하게 살면서 복을 누리는 일을 말한다. '일은 완벽하게 끝을 보려 하지 말고, 세력은 끝까지 의지하지 말고, 말은 끝까지 다하지 말고, 복은 끝까지 다 누리지 말라.'

  절제에 행복이 깃들여 있음을 깨우쳐주는 교훈이다. 이 가을에 우리 함께 행복해지기를 빌고 싶다.　1998

나를 지켜보는 시선

며칠 전 문안을 드리기 위해 한 노스님을 찾아뵌 일이 있다. 한 동안 뵙지 못해 안부가 궁금했고 의논드릴 일이 있어, 산중의 암 자로 찾아갔었다. 그날은 눈발이 흩날리는 영하의 날씨였는데 노 스님이 거처하는 방 안이 냉돌처럼 썰렁했다.

왜 방이 이렇게 차냐고 여쭈었더니 노스님은 이런 말씀을 하셨 다.

"요즘 세상에서는 한뎃잠 자는 사람이 부지기수인데 시주밥 먹 고 사는 중이 어찌 방 안을 따뜻하게 할 수 있겠는가."

산중에 지천으로 널려 있는 땔감을 두고도 일부러 군불을 조금 밖에 지피지 않아 썰렁한 방 안. 노숙자의 고통을 함께 나누려는 팔십 노인의 그 꿋꿋한 의지에 나는 더 할 말이 없었다. 그날 그처 럼 썰렁했던 노스님의 방이 요즘의 내게는 화두처럼 가슴에 걸려 있다.

겨울의 문턱에 들어선 이때, 일터를 잃고 실의에 빠져 거리를 헤매는 실업자가 2백만 명에 가깝고 집을 나와 한뎃잠을 자는 노숙자 또한 적지 않은데 이 겨울을 어떻게 견뎌낼지 암담하고 우울하다. 이런 일에는 정부의 힘만으로는 한계가 있기 때문에 뜻있는 이웃들이 거들면서 우리 시대의 어려움을 함께 이겨나가는 길밖에 없을 것 같다.

어둠 속에도 빛이 있듯이 어떤 최악의 상황이라 할지라도 우리들의 삶에는 잠재적인 의미가 있다. 우리가 지금 겪고 있는 실직과 노숙에서 오는 고통의 의미를 찾아낼 수 있다면, 우리는 다시 일어서게 될 것이다. 살아가야 할 이유가 있는 사람은 어떤 상황 아래서도 능히 견뎌낼 수 있다.

이 세상을 고통의 바다라고 했듯이, 산다는 것은 즐거움과 함께 고통이 있게 마련이며, 살아남는다는 것은 고통 속에서 그 의미를 찾아내는 일이다.

외람되지만 나는 내가 살아온 길목마다 내 등뒤에서 나를 속속들이 지켜보는 '시선'이 있음을 굳게 믿는다. 그 시선은 이따금 내가 게으름을 피우거나 엉뚱한 생각을 할 때 더욱 선명하게 드러난다. 때로는 꿈속에서 그 목소리가 나를 불러 깨울 때도 있다.

그 시선은 지금 살아 계시거나 이미 돌아가신 우리들의 어머니나 아버지일 수도 있고 할머니나 할아버지일 수도 있다. 혹은 사람마다 그림자처럼 따르고 있는 수호천사일 수도 있고 하느님이나 부처님일 수도 있다. 무어라고 부르든 이름에는 상관없이 그 시선은 늘 나를, 그리고 우리를 지켜보고 있다.

그 시선은 지금 우리가 겪고 있는 이 고통을 비극적인 모습이
아니라 자랑스럽고 꿋꿋하게 이겨나가는 모습으로 보고 싶어할
거라고 나는 생각한다.

지난해 이맘 때 나는 네팔과 인도 히말라야의 가난한 산촌을 여
행하고 있었다. 현재 우리들의 생활수준과 견준다면 겉으로는 말
할 수 없이 열악한, 수준 이하의 삶을 이루고 있었지만 그들은 도
시 문명에 오염되지 않은 따뜻한 인정과 맑은 눈빛을 지니고 있었
다. 그들은 나에게 삶의 가치 척도를 어디에 두고 살아야 할 것인
지를 두고두고 생각케 했다.

귀국하기 위해 뉴델리에 들렀을 때 숙소의 텔레비전 화면에서
우리의 대통령이 거덜난 나라 살림을 국제구제금융에 호소하는
뉴스를 보고 나는 온몸에 열이 나고 몸살 기운이 번졌다. 대한민
국 국민의 한 사람으로서 자존심에 상처를 입지 않을 수 없었다.
그러면서도 드디어 올 것이 왔구나 하고 자탄하게 되었다.

길게 말할 것도 없이, 이 세상일은 돌발적으로 우연히 일어나는
것이 아니라 제 손으로 뿌려서 제 손으로 거두는 인과관계의 고리
로 드러난다. 그렇다면 새로운 씨를 뿌려서 새로운 열매를 거둘
수 있다는 논리다.

그동안 물신物神에 현혹되어 빗나간 우리들의 인성이, 오늘과
같은 위기 상황에서 제자리로 돌아오려면 먼저 삶의 가치가 새롭
게 정립되어야 한다. 사람이 무엇 때문에 사는지, 어떻게 사는 것

이 사람다운 삶인지, 근원적인 물음 앞에 마주 서야 한다.

그리고 우리가 할 일은 이웃의 고통을 외면하지 않고 함께 나누는 것이다. 어려운 이웃을 보살피는 일이야말로 사람의 도리이고 인간이 도달해야 할 궁극적인 목표다.

우리들에게 구원이 있다면 추상적인 신이나 부처를 통해서가 아니라 이웃에 대한 따뜻한 보살핌을 통해서, 그리고 그 보살핌 안에서 이루어진다.

겨울의 문턱에서 함께 생각해 보고 싶다. 1998

거리의 스승들

오두막 둘레에는 5월 하순인 요즘에야 철쭉이 한창이다. 창호에 아련히 비쳐드는 분홍빛이 마치 밖에 꽃등이라도 밝혀 놓은 것 같다. 철쭉이 필 무렵이면 어김없이 검은등 뻐꾸기가 찾아온다. 네 박자로 우는 그 새소리를 듣고 고랭지의 모란도 살며시 문을 연다. 야지에서는 자취도 없이 사라진 모란이 6월의 문턱에서 피기 시작한다. 그 빛깔이 어찌나 투명하고 여린지 가까이 다가서기가 조심스럽다.

어제는 산 너머 장에서 모종을 사다가 심었다. 고추와 가지와 오이와 케일, 방울토마토도 세 그루 심었다. 그리고 호박 모종을 여덟 구덩이 심고 남은 이랑에 고소씨도 뿌렸다. 며칠 동안 개울물을 길어다 목을 축여주면 모종들은 꼿꼿이 일어설 것이다.

그런데 이런 일이 이제는 머리 무겁게 여겨져 자꾸만 뒤로 미루게 된다. 나도 늙어 가는 모양이라고 혼자서 중얼거렸다.

장에 가면 한 번 들렀던 가게를 다시 찾는다. 모종은 몇 해째 같은 집에서 사온다. 가게 주인의 말에 신뢰감이 가기 때문이다. 한 번은 꽃시장 한쪽에서 맵지 않은 고추라고 해서 그 말을 믿고 사다 심었는데 열린 고추가 너무 매워서 나는 먹을 수가 없었다. 케일도 말만 믿고 사다 심었다가 두 번 다 실패했다. 케일은 줄기가 초록이어야 잎이 연하고 생육 상태도 좋다. 자색을 띠면 잎이 거세고 맛이 없다.

결과적으로 허드레 가게에서 파는 모종은 신용할 수 없지만, 간판을 내건 종묘상의 모종은 비교적 믿을 수 있다. 자기집 물건을 팔면서 그 물건에 대한 긍지도 함께 지녔으면 좋으련만 대개의 경우 팔고 보자로 끝을 낸다. 그렇게 되면 남을 속이기에 앞서 자신을 속이기 때문에 그 끝이 좋을 수 없다. 채소의 모종만 파는 것이 아니라 그 자신 인격의 모종도 함께 판다는 사실에 착안해야 한다.

나 같은 사람은 세상 물정에 어두운데, 만나는 사람들을 통해서 여러가지로 배우게 된다. 한두 가지 현상을 통해서 그 배후의 세계까지도 넘어다볼 수 있다. 사실 종교적인 이론은 지극히 추상적이고 관념적이다. 일상에서 만나고 부딪히는 인간관계에서, 경전에서는 느낄 수 없는 보다 진솔한 삶의 뜰을 거닐 수 있다.

얼마 전 길상사 문화강좌에 참여했던 한 회원의 편지를 받아보고 흐뭇한 감동을 받았다. 3개월 동안(한 주일에 두 번) 전철을 타고 문화강좌를 듣기 위해 먼길을 오고 가면서 그가 보고 느낀 것은 생동하는 또다른 문화강좌이기도 했다. 전철 안에서 만난 사람들이 그에게는 이름 모를 스승으로 받아들여졌다는 것이다.

"……3월에 만난 스승은 시각장애자 걸인이었어요. 복잡한 전철 안인데 멀리서 가냘픈 여인의 노랫소리가 들려왔습니다.

'봄처녀 제 오시네. 새 풀옷을 입으셨네…….' 웬 꾀꼬리 소리지? 카세트가 아닌 생음악 소리가 점점 커지며 다가온 그녀는 시각장애자였습니다."

성가를 틀고 다니는 다른 장애인의 상업적인 모습과는 달리 그녀의 애절한 목소리에는 신선함이 담겨 있었다고 했다. 그 회원은 천 원짜리 한 장을 바구니에 넣어주며 마음속으로 이렇게 속삭였다고 한다.

'아줌마! 내가 볼 수 있는 세상의 봄기운보다 아줌마 목소리에 더 아름다운 봄기운이 담겨 있네요. 비록 볼 수는 없지만 개나리, 진달래 만발한 동산에 지금 계신다고 생각하세요. 아줌마가 바로 봄처녀일 거예요.'

이런 사연을 전해 듣는 내 마음도 봄기운에 쬐듯 따뜻해진다. 우리는 눈을 가지고 뭘 보는가? 우리 둘레의 이웃이 나와는 무연한 타인이 아니라 우리들 자신의 또다른 모습이라는 사실을 아는가? 어째서 그가 그때 그 자리에서 나와 마주치게 되었을까?

중생은 부처를 제도하고 부처는 다시 중생을 제도한다는 말이 있다. 모든 부처와 보살은 오로지 중생이 있기 때문에 불도를 성취한다. 따라서 중생이 없다면 부처와 보살은 할 일이 없어져 끝내 불도를 이룰 수 없다.

마주치는 이웃을 통해 내 마음이 활짝 열려야 한다. 그때 마주친 대상은 나를 일깨우기 위한 스승이요, 선지식이라고 생각하라.

"······5월에 만난 스승은 평촌 범계 전철역 앞의 노점상 아저씨입니다."

그의 편지는 이어진다. 참외를 사고 있는데 그 옆에는 상품 가치도 없는 앵두만한 방울토마토를 한 바구니에 천 원에 팔고 있는 노점상 아저씨가 있었다. 팔아주었으면 하는 측은한 눈빛으로 바라보는 모습에 그는 마음이 약해져 한 바구니를 산다.

어려운 노점상 처지를 생각해서 비닐 봉지라도 아끼라고 "참외 봉지에 그냥 쏟으세요" 했더니 노점상 아저씨는 "아니에요. 볼품없는 거라도 내가 파는 물건인데 으깨지면 안 돼죠. 맛있게 잡수셔야죠." 이렇게 말하면서 새 봉지에 조심조심 넣어주더라는 것이다.

비록 영세한 노점상이지만 자기 상품에 대한 사랑과 고객에 대한 마음 씀씀이에 숙연해지더라는 것이다. 이렇게 먼길을 오가면서 많은 공부를 했노라고 그는 말했다.

우리가 어떤 종교에 귀의하여 신앙생활을 하는 그 자체만으로는 별다른 의미가 없다. 세상을 살아가면서 이웃과 따뜻한 마음을 나누고, 자신의 행위를 안으로 살피면서 보다 성숙한 삶으로 한층 한층 쌓아 올리는 일에 그 의미가 있을 것이다.

스승은 아무 때나 마주치는 것이 아니다. 진지하게 찾을 때 그를 만난다. 그리고 맞아들일 준비가 되어 있는 사람 앞에 스승은 나타난다. 1999

가난을 건너는 법

　얼어붙은 산골에도 봄기운이 조금씩 번지고 있다. 응달과 골짜기는 아직도 얼어붙어 있지만, 한낮으로 비치는 햇살과 바람결은 한결 부드러워졌다. 두어 자 높이로 지붕에 쌓여 있던 눈이 녹아 내리는 낙숫물 소리에 문득 봄의 입김을 느낄 수 있다.

　지난 겨울부터 산 아래 마을에서는 집집마다 기름 보일러를 장작이나 연탄 보일러로 개조하는 작업이 한창이다. 어려운 경제사정은 산촌이라고 해서 예외가 아니다. 어제 장터에서 만난 김씨는 보일러를 고치고 나니 기름값에 쫓기던 마음이 한결 놓인다고 하면서, 장작 타는 냄새에 옛 정취를 느끼게 되더라고 했다.

　우리가 지금 겪고 있는 이 시련은, 인과관계로 이어지는 전체적인 흐름으로 볼 때 고갈되고 탕진된 민족의 에너지를 재충전하라는 뜻으로 받아들여야 할 것 같다. 어떤 고난도 그 뜻을 이해하면 능히 이겨낼 수 있는 지혜와 힘이 생긴다.

복진타락福盡墮落, 복이 다하면 굴러 떨어진다는 옛말이 있듯이, 우리는 경제 성장의 흐름을 타고 소중하고 귀한 것을 등진 채 함부로 버리면서 잘못 살아왔다. 가진 것이 늘어 편리해진 반면 인간의 정신과 덕성은 말할 수 없이 피폐되었다. 전통적인 우리들의 아름다운 인정과 풍습이 사라지고 민족의 기상도 나약해질 대로 나약해졌다. 안으로 자율적인 능력을 잃으면 밖에서 타율적인 제재가 가해지는 것이 우주의 흐름이다. 이래서 재충전의 기회가 온 것이라고 생각된다.

일자리를 잃으면 일거리를 찾아야 한다. 일하는 사람은 늙지 않는다. 삶이 권태롭거나 무료하지 않다. 꿈과 희망의 자리에 한탄과 원망과 후회가 들어설 때 우리는 늙고 병든다. 체면이나 일의 대가를 따지지 않는다면 일거리는 우리 주변에 얼마든지 있다. 보다 직설적으로 말한다면, 일자리가 있고 나서 일거리가 생기는 것이 아니라 하루하루 살아가는 삶의 과정에서 일거리를 찾아낸다면 바로 그것이 내 일자리 아니겠는가.

생각을 돌이켜보자. 이 세상에 태어날 때 빈손으로 왔으니 가난한들 무슨 손해가 있으며, 죽을 때 아무것도 가지고 갈 수 없으니 부유한들 무슨 이익이 되겠는가.

우리는 벌어들이는 수입 안에서 살면 된다. 할 수 있다면 얻는 것보다 덜 써야 한다. 절약하지 않으면 가득 차 있어도 반드시 고갈되고, 절약하면 텅 비어 있어도 언젠가는 차게 된다. 덜 갖고도 우리는 얼마든지 행복하게 살 수 있다. 덜 갖고도 우리는 얼마든지 더 많이 존재할 수 있다.

오늘과 같은 경제난국에서 우리가 크게 각성할 일은 그동안 소유와 소비 지향적인 삶의 방식에서 존재 지향적인 생활태도로 바뀌어야 한다는 것이다. 우리 인생에서 참으로 중요한 것은 우리들의 직위나 신분, 소유물이 아니라 우리들 자신이 누구인지를 아는 일이다.

우리들의 직위나 돈이나 재능이 중요한 것이 아니라 그것으로 우리가 어떤 일을 하며 어떻게 살고 있느냐에 따라 삶의 가치는 결정된다.

현실이 곧 우리의 스승이라는 말이 있다. 우리에게 오늘과 같은 시련이 없다면 우리 미래는 어떻게 될 것인지를 곰곰이 생각할 때, 우리 자신과 후손들의 건전한 삶을 위해서라도 마땅히 거쳐가야 할 관문이라고 여겨진다.

소욕지족少欲知足. 작은 것과 적은 것으로 만족할 줄 알아야 한다. 우리가 누리는 행복은 크고 많은 것에서보다 작은 것과 적은 것 속에 있다. 크고 많은 것만을 원하면 그 욕망을 채울 길이 없다. 작은 것과 적은 것 속에 삶의 향기인 아름다움과 고마움이 스며 있다.

시작이 있는 것은 반드시 그 끝이 있다. 오늘의 어려움을 재충전의 뜻으로 받아들인다면, 우리는 우리가 지닌 무한한 잠재력을 일깨울 수 있다. 오르막이 있으면 반드시 내리막이 있는 법이고, 낡은 문이 닫히면 새 문이 열리게 마련이다. 얼어붙은 대지에 봄이 움트듯이 좌절하지 말고 희망의 씨를 뿌리자. 1998

그런 길은 없다

장마가 오기 전에 서둘러 해야 할 일로 나는 요즘 바쁘다. 오두막 둘레에 무성하게 자란 풀을 베고, 고추밭에 김도 매야 한다.

장마철에 지필 땔감도 비에 젖지 않도록 미리 추녀 밑에 들이고, 폭우가 내리더라도 물이 잘 빠져나가도록 여기저기 도랑을 친다.

산중에서 살면 산마루에 떠도는 구름이나 바라보면서 한가롭게 지낼 것 같지만, 사람 사는 곳이면 어디나 그렇듯이 일이 많다. 여럿이 할 일을 혼자서 해야 하는 경우에는 그 일이 끝이 없다.

산그늘이 내릴 무렵, 하루일을 마치고 개울물에 씻고 나서, 흐르는 개울물 소리에 귀를 맡기고 한참을 쉬었다.

개울가에 앉아 무심히 귀 기울이고 있으면, 물만이 아니라 모든 것은 멈추어 있지 않고 지나간다는 사실을 새삼스레 인식하게 된다.

좋은 일이건 궂은 일이건 우리가 겪는 것은 모두가 한때일 뿐이다. 죽지 않고 살아 있는 것은, 세월도 그렇고 인심도 그렇고 세상만사가 다 흘러가며 변한다.

인간사도 전생애의 과정에서 보면 기쁨과 노여움, 슬픔과 즐거움이 지나가는 한때의 감정이다. 지금 우리가 겪고 있는 경제의 어려움도 지나가는 한때의 현상이라고 나는 믿는다.

이 세상에서 고정 불변한 채 영원히 지속되는 것은 아무것도 없기 때문이다. 세상일이란 내 자신이 지금 당장에 겪고 있을 때는 견디기 어렵도록 고통스런 일도, 지내 놓고 보면 그때 그곳에 그 나름의 이유와 의미가 있었다는 것을 뒤늦게 알아차린다.

이 세상일은 원인 없는 결과가 없듯이 그 누구도 아닌 우리들 자신이 파놓은 함정에 우리가 빠지게 된 것이다.

이 시대와 이 지역에서 함께 살아간다는 이 엄연한 현실이 공동 운명체를 이루고 있기 때문에, 이제 와서 누구를 원망하고 탓할 것도 없다. 이 땅에 몸담고 살아가는 사람들은 저마다 몫몫이 그 책임이 있다.

오늘 우리가 겪는 온갖 고통과 이 고통을 이겨내기 위한 의지적인 노력은, 다른 한편 이 다음에 거둘 새로운 열매가 될 것이다.

따라서 이 어려움을 어떤 방법으로 극복하느냐에 의해서 미래의 우리 모습은 결정된다.

도로를 넓히기 위해 공사가 진행중인 위태로운 길목에는 '절대 감속' 이라는 표지판이 설치되어 있다. '절대' 란 모든 언어가 그

앞에서 주눅이 드는 초월의 세계다. 위험한 길이니 감속하라는 경
고다.

우리가 당면한 경제적인 위기에도 이런 경고가 해당될 것 같다.
급하다고 서둘지 말고 순리대로 풀어나가라는 것이다.

물의 흐름이 때로는 급한 여울과 폭포도 이루지만, 그 종점인
바다에 이르기까지는 자연스런 흐름을 이룬다.

어려운 때일수록 급히 서둘지 말아야 한다.

지난 세월 그 많은 시행착오가 급히 서두른 결과였음을 상기해
야 한다.

개인적인 처지에서 보면 오늘의 어려움은 저마다 처음 당하는
일 같지만, 지금 우리가 가고 있는 길은 일찍이 누군가 갔던 길이
다.

이런 시가 있다.

아무리 어둡고 험난한 길이라도
나 이전에
누군가는 이 길을 지나갔을 것이고,
아무리 가파른 고갯길이라도
나 이전에
누군가는 이 길을 통과했을 것이다.
아무도 걸어본 적이 없는
그런 길은 없다.
어둡고 험난한 이 세월이

비슷한 여행을 하는
모든 사람들에게
도움과 위로를 줄 수 있기를.
— 베드로시안의 〈그런 길은 없다〉 1998

산천초목에 가을이 내린다

이제는 늦더위도 한풀 꺾이고 아침 저녁으로 선득거린다. 풀벌레 소리가 여물어가고 밤으로는 별빛도 한층 영롱하다. 이 골짝 저 산봉우리에서 가을 기운이 번지고 있다.

요 며칠 새 눈에 띄게 숲에는 물기가 빠져나가고 있다. 어떤 가지는 벌써부터 시름시름 앓기 시작한다. 초록의 자리에 갈색이 늘어간다. 나무들은 말이 없지만 기온이 더 내려가면 앓던 잎들을 미련없이 우수수 떨쳐 버릴 것이다. 이게 바로 계절의 질서요, 삶의 리듬이다.

철이 바뀔 때면 내 안에서도 꿈틀꿈틀 무슨 변화의 조짐이 생기는 것 같다. 허구한 날 비슷비슷하게 되풀이되는 그 범속한 일상성에서 뛰쳐나오고 싶어서일 것이다.

이 가을에 나는 많은 것을 정리 정돈하고 있다. 오두막에서도 이것저것 없애고 있지만, 얼마 전에는 그전에 살던 암자에 내려가

20여 년 동안 '쌓인 먼지들'을 가차없이 털어냈다. 쌓인 먼지들이란 다름이 아니라 이것저것 메모해 둔 종이와 노트와 일기장, 그리고 나라 안팎에서 찍은 사진들을 말한다. 그것들을 필름과 함께 죄다 불태워서 버렸다.

버릴 때는 미련없이 버려야 한다. 언젠가는 이 몸뚱이도 버릴 거라고 생각하면 미련이나 애착이 생기지 않는다. 빈손으로 왔다가 빈손으로 가는 것이 인생살이 아닌가. 현재의 나에게 참으로 필요한 것이 무엇인지, 그리고 없어도 좋을 것이 무엇인지 스스로 물어봐야 한다. 버리고 또 버리고 마지막으로 남는 것이 무엇이겠는가. 그것이 바로 그 인생의 내용이고 알맹이가 될 것이다.

나무들은 가을이면 걸쳤던 옷을 훨훨 벗어버린다. 그래서 그 자리에 새옷이 돋아난다. 이런 나무들처럼 너절한 허섭스레기들을 아낌없이 치워버리고 나면 그 자리에, 텅 빈 그 자리에 비로소 맑은 기운이 감돈다. 이 맑은 기운이 오늘의 나를 새롭게 한다.

불타 석가모니는 〈금강경〉에서 버림에 대해서 이와 같이 말한다.

"나는 그대들 수행자에게 항상 말해 왔다. 내 설법을 '뗏목의 비유'로 아는 사람은 법도 버려야 할 터인데 하물며 법 아닌 것이겠느냐"라고.

이 말은 부처의 가르침에도 집착하지 말라는 뜻이다. 그러니 그 밖에는 더 말할 게 무엇이겠느냐는 것.

이 뗏목의 비유는 근본 경전인 〈중아함경〉에 그 뿌리를 두고 있다.

"길을 가던 사람이 도중에 큰 강물을 만났다. 이쪽 기슭은 위험하고 무서운데, 강 건너 저쪽은 평화로워 두려움이 없다. 강을 건널 배도 없고 다리도 없다. 이때 길을 가던 사람은 나무와 가지, 풀과 넝쿨을 가지고 뗏목을 만들어 무사히 강을 건너게 되었다.

그는 문득 이런 생각을 한다.

'이 뗏목은 길을 가던 나에게 큰 도움을 주었다. 이 뗏목이 아니었다면 내가 어떻게 강을 건널 수 있었겠는가. 그러니 나는 이 뗏목을 머리에 이든지 어깨에 메든지 하고 가야겠다.'

그가 이와 같이 한다면 과연 그 뗏목에 대한 도리를 다한 것이겠는가?"

종교의 가르침은 온갖 모순과 갈등으로 고뇌하는 사람들에게 그 고뇌의 강을 건너게 하는 방편이요, 수단이다. 강을 건너 걱정과 근심이 사라졌다면 그 '뗏목'은 버려야 한다. 종교적인 가르침이란 어떤 특정한 상황에서 그와 같은 상황에 놓인 사람에게 말해진 것이다. 그러므로 그 상황이나 사정이 바뀌면 그 가르침은 쓸모가 없다.

'법(진리)도 버려야 할 터인데 하물며 법 아닌 것이랴.'

이런 가르침 앞에서, 지금 당장 쓰지도 않는 물건들, 그 시효가 이미 지나간 물건들을 아까워하면서 움켜쥐고 있음은 끈질긴 애착이요, 집착이다. 이 애착과 집착이 짐이 되어 우리 삶에 맑은 기운을 가로막는다.

나는 중이 되어 절에서 살면서 이런 버림의 짓거리를 수없이 되풀이해 왔다. 이런 행위는 풋중 시절 선배인 노스님들에게서 직접 눈으로 보고 배우면서 익힌 그 은덕이다. 좋은 선배란 후배에게 메시지를 전달하는 데 그치지 않고 선배 자신의 삶이 메시지가 되어야 한다.

만약 이와 같은 버림의 정진(듣기 좋게 말해서)이 없었다면 어떻게 됐을 것인가. 상상만으로도 소름이 끼쳐지고 맥이 빠진다. 더 물을 것도 없이 나는 지금보다 훨씬 더 속물로 전락되고 말았을 것이다. 거죽은 수행자이지만 그 생각이며 행동거지가 세상 사람들보다 몇 갑절 더 속물인 자들이 얼마나 많은가.

수행자는 한평생을 자기 자신을 변화시키는 데 바쳐야 한다. 남녀노소를 막론하고 그 삶에 변화가 없다면 그의 인생은 이미 녹슬어 있는 거나 다름이 없다. 녹은 어디서 생기는가. 물론 쇠에서 생긴다. 쇠에서 생긴 녹이 쇠 자체를 못 쓰게 만든다.

일상적인 타성과 게으름을 녹에 비유할 수 있다. 자신에 대한 투철한 각성과 분발을 통해 녹은 제거된다.

계절의 변화는 우리 삶에도 변화를 가져올 수 있어 고맙다. 산천초목에 가을이 내리고 있다. 이 가을에 당신은 어떤 변화를 시도하고 있는가. 부디 좋은 이삭 거두기를. 1999

새 오두막으로 거처를 옮기다

한 달 가까이 감기를 앓다가 쿨룩거리면서 이삿짐을 챙겼다. 7년 남짓 기대고 살던 오두막이지만 겨울철 지내기가 너무 힘들기 때문이다. 영하 20도의 그 팽팽한 긴장감을 앓던 끝이라 몸이 부담스러워할 것 같다.

눈에 덮인 빙판길을 오르내리려면 목이 긴 털신에 아이젠을 걸고 다녀야 하는데, 이런 일도 이제는 번거롭게 여겨진다. 장작 패서 나르고 개울에서 얼음 깨고 물 긷는 일로 인해 내 왼쪽 엄지가 자꾸만 시큰거린다.

언젠가 아랫마을 김씨로부터 무슨 이야기 끝에 어디 바다 가까운 곳에 자기 친구가 살던 집이 있는데, 그 집이 비어 있다는 말을 들은 적이 있었다. 그때는 무심히 흘려 듣고 말았는데 얼마 전 뒤늦게 그 말이 문득 떠올라 내 귀가 번쩍 뜨였다. 그 집에 한번 가볼 수 없느냐고 했더니 그러자고 해서 따라 나섰다.

북동쪽으로 크고 작은 고개를 넘고 해안선을 따라 한참을 올라
간 지점이었다. 뒤쪽은 소나무가 무성한 산자락이고 앞은 바다가
내다보이는 곳에 달랑 오막살이 한 채가 있었다. 그야말로 넓고
넓은 바닷가에 오막살이 집 한 채였다. 삼칸 슬레이트 집인데 비
워둔 지 오래되어 어설프디어설픈 그런 오두막.

김씨는 내가 좋다면 자기 친구한테 말해서 빌려 쓸 수 있다고
했다. 전기가 들어오고 뒷산에서 졸졸 흘러내리는 물이 양은 많지
않지만 식수로 쓸 수 있을 것 같았다. 가족회의 같은 걸 거칠 일이
없는 나는 그 자리에서 결정을 짓는다. 우선 올 겨울 한철을 살아
보기로 했다. 다시 또 새롭게 시작해 보는 것이다. 그 다음날부터
집 고치는 일에 들어갔다.

슬레이트 몇 장을 갈고 기름보일러도 부품을 사다가 고쳤다. 그
집에 어울릴 도배지를 그 근처 지물상에서 구해다 벽과 천장을 발
랐다. 그리고 바닥에 깔린 비닐장판을 걷어내고 종이장판으로 갈
았다. 문짝도 하나 새로 해 달고 앞뒷마루에 떨어져 나간 널빤지
도 새로 끼웠다. 툇마루가 너무 거칠고 때가 끼여 그라인더로 갈
아내고 기름칠을 했다. 전기 배선도 안전하게 다시 했다. 하룻밤
을 자도 만리장성을 쌓는다더니 이렇게 해서 새 오두막이 마련된
것이다.

혼자서 주섬주섬 이삿짐을 챙기고 있노라면, 내가 이 세상을 하
직하고 저 세상으로 옮겨갈 때의 기분을 미리 가불해 쓰는 것 같
은 그런 느낌이 든다. '인생은 나그네길……'을 콧노래로 흥얼거

리면서 이것저것 새집에 가서 쓰일 것들을 챙겼다.

이사가 몸과 생활도구만 옮겨가는 일로 그친다면 별 의미가 없다. 삶의 형태와 그 습관에도 변화가 있어야 한다. 평소의 내 지론대로 보다 단순하고 간소하게 살 수 있도록 데리고 가는 것들을 극도로 제한하기로 했다. 이 다음 이 집에 누가 와 살더라도 크게 불편함이 없이 지내도록 배려하는 것이 먼저 살던 사람의 그 집에 대한 도리다.

우선 이부자리와 방석을 챙기고 몇 권의 책자를 상자에 꾸렸다. 전기가 들어오는 곳이지만 등잔과 초를 켤 사발을 챙겨 넣었다. 어디를 가나 차는 마셔야 하므로 다구도 이것저것 가렸다. 또 무엇이 필요한가 둘러보다가 숟가락 젓가락과 그릇들, 그밖에 소용되는 것은 현지에서 새로 구하기로 하고 최소한의 것으로 짐을 꾸렸다.

짐을 꾸리면서 돌아보니 서운해하는 것들이 더러 눈에 띈다. 조그만 장 위에서 목을 길게 뽑고 밖에서 돌아올 나를 어둠 속에서 기다리곤 하던 나무 오리. 두런두런 말을 걸면 잠잠히 받아주던 내 유일한 말벗인 그 오리가 내 떠남을 몹시 서운해하는 것 같다.

영하의 겨울철이면 마루방에서 내게 더운 체온을 아낌없이 내뿜어주던 무쇠 난로도 말은 없지만 서운해한다. 빈집에서 겨울 동안 할 일이 없어 얼마나 무료해할까 생각하니 안되었다.

그리고 마루방 들창가에서 선들바람이 불어올 때면 아름답고 청아한 음률로 내 귀를 즐겁게 해주던 막대 풍경도 나를 바라보는 표정이 마냥 시무룩하다. 이와 같은 유정有情들은 함께 지낸 세월

만큼 정이 든 것이다.

　밖에 나가 여기저기 둘러보니 개울물 소리와 장작 벼늘과 헌식
돌과 자작나무 전나무 돌배나무 산자두나무 등 다 눈에 익은 것들
이다. 한동안 내 눈에 밟힐 것이다. 할애출가割愛出家란 말이 있다.
애착을 끊고 출가한다는 뜻. 출가 수행자는 크고 작은 애착을 끊
어야 한다는 가르침이다. 인정이 많으면 구도의 정신이 해이해진
다고도 한다.

　그렇지만 7년 남짓 그것들을 가까이서 지켜보고 보살핀 이 인연
때문에 떠나면서도 마음이 가볍지가 않다. 나는 골짜기가 쩌렁 울
리도록, "겨울철 지내고 돌아올 테니 다들 잘 있거라" 하고 큰소리
로 작별을 고했다.

　바닷가 새 오두막에 도배를 마치고 나서 사흘을 묵었다. 아직도
쿨룩쿨룩 남은 기침을 하면서 익숙하지 않은 주거공간에서 나그
네처럼 엉거주춤 지낸다.

　집의 방향이 동남간이라 바다에서 떠오르는 불덩이 같은 해를
방 안에서 맞이할 수 있다. 해돋이 때마다 두 손을 모아 합장을 하
고 이 세상 구석구석 두루 밝아지기를 염원한다. 수평선에서 떠오
르는 장엄한 일출을 지켜보고 있으면 해에서 뿜어나오는 빛의 에
너지가 내 몸에까지 전해지는 것 같다. 나무 일광日光 보살!

　밤으로는 동해바다 일대에 오징어잡이 배들의 집어등集魚燈이
장관을 이룬다. 어족들은 눈부신 등불을 보고 무슨 잔치인가 싶어
모여들었다가 잡혀 한 생애를 마친다. 등불에 속는 것이 어찌 고

기떼만이랴. 인간의 도시마다 벌어지는 밤의 유흥업소, 번쩍거리는 그 불빛 아래서 들뜬 기분에 흥청거리다가 무참히 한 생애를 마감하는 사람들도 드물지 않다. 밤의 수상한 불빛에, 과장된 그 불빛에 속지 말아야 한다.

바다는 밤에도 잠을 자지 않는지 기슭에 밀려드는 파도소리가 내 베갯머리에까지 아득히 들린다. 뒷산에서 졸졸 흘러내리는 물줄기는 마침내 저 바다에 이르러 함께 출렁거릴 것이다. 개인의 삶도 때가 되면 한 생애의 막을 내리고 저 큰 생명의 바다에 이르러 하나가 되듯이.

나는 올 겨울 넓고 넓은 바닷가에서 살아 움직이는 바다를 바라보면서 내 삶을 새롭게 시작해 보려고 한다. 1999

오두막 편지

1판 1쇄 펴냄 1999년 12월 10일
1판 13쇄 펴냄 2000년 3월 30일

지은이/법 정
펴낸이/고 석
펴낸곳/도서출판 이레
편집/이복희, 고인영, 정순녀, 이은진
마케팅/채영진, 신홍희, 허경실, 이명진

출판등록/1995. 6. 8. 제 5-352호
121-210 서울 마포구 서교동 370-17
전화 02)3143-2900/팩스 02)3143-2904/홈페이지 http://ire.co.kr
ISBN 89-85599-21-6   03810